Christina Lange

Was sagt mir Dietrich Bonhoeffer?

Zugänge für den RU in der Sek I und II

Vandenhoeck & Ruprecht

Mit 47 Abbildungen

Bibliografische Information der Deutschen Nationalbibliothek
Die Deutsche Nationalbibliothek verzeichnet diese Publikation in der
Deutschen Nationalbibliografie; detaillierte bibliografische Daten sind
im Internet über http://dnb.d-nb.de abrufbar.

ISBN 978-3-525-70227-7

Weitere Ausgaben und Online-Angebote sind erhältlich unter: www.v-r.de

Umschlagabbildung: Dietrich Bonhoeffer beim Gitarrespielen während seiner Zeit als Lehrer am Predigerseminar in Finkenwalde
© bpk / Staatsbibliothek zu Berlin

© 2017, Vandenhoeck & Ruprecht GmbH & Co. KG, Theaterstraße 13, D-37073 Göttingen /
Vandenhoeck & Ruprecht LLC, Bristol, CT, U.S.A.
www.v-r.de
Alle Rechte vorbehalten. Das Werk und seine Teile sind urheberrechtlich geschützt.
Jede Verwertung in anderen als den gesetzlich zugelassenen Fällen bedarf der vorherigen
schriftlichen Einwilligung des Verlages.
Printed in Germany.

Satz: SchwabScantechnik, Göttingen
Druck und Bindung: ⊕ Hubert & Co GmbH & Co. KG, Robert-Bosch-Breite 6, D-37079 Göttingen

Gedruckt auf alterungsbeständigem Papier.

Inhalt

Einleitung	4
Kapitel 1: Biografie	6
Kapitel 2: Wer glaubt, der flieht nicht	11
Kapitel 3: Schlimmer als die böse Tat ist das Böse-sein	19
Kapitel 4: Was heißt es, die Wahrheit zu sagen?	26
Kapitel 5: Dem Rad in die Speichen fallen	34
Kapitel 6: Religionsloses Christentum	42
Kapitel 7: Fragmentarisches Leben	49
Kapitel 8: Wer bin ich?	55
Kapitel 9: Von guten Mächten	61
Kapitel 10: Dietrich Bonhoeffer als Vorbild?	68
Kapitel 11: Begegnungen mit Dietrich Bonhoeffer in bildender Kunst und Musik	74
Kapitel 12: Die letzte Stufe	79

Einleitung

Was sagt mir Dietrich Bonhoeffer?
Dietrich Bonhoeffer (1906–1945), Theologe, Pfarrer, Widerstandskämpfer, Namensgeber von Schulen, Kirchen, Straßen und Vorbild für viele Menschen. Für Jugendliche von heute gehört er aber einer vergangenen Zeit an, er gehört zur Generation ihrer Urgroßeltern. Was bleibt heute noch von Dietrich Bonhoeffer und was sagt er Schülerinnen und Schülern?

Das Dietrich-Bonhoeffer-Gymnasium in Oberasbach hat anlässlich des 110. Geburtstages von Dietrich Bonhoeffer am 4.2.2016 einen Redenwettbewerb zu dem Thema »Dietrich Bonhoeffer – was bleibt?« ausgeschrieben. Die Beiträge der Oberasbacher Schüler zeigen, dass Bonhoeffers Leben und Werk auch heute für Menschen richtungsweisend sein können. Von daher sollen einige dieser Schüler hier zu Wort kommen.

Ihre Überlegungen eignen sich einerseits zum Einstieg in die Thematik, um neugierig auf diesen Mann zu machen. Andererseits wäre es auch denkbar, die Statements der Jugendlichen (erneut oder auch erstmalig) zum Abschluss der Einheit zu lesen und die Schülerinnen und Schüler zu bitten, sich mit den Statements kritisch auseinanderzusetzen oder/und eigene Statements/Redebeiträge zu den Fragen »Was sagt mir Dietrich Bonhoeffer?« oder »Was bleibt von Dietrich Bonhoeffer?« zu verfassen.

Dieses Heft verfolgt das Ziel, Zugänge zu Dietrich Bonhoeffer zu vermitteln und weiterhin durch die Verknüpfung zwischen Bonhoeffer und verschiedenen theologischen und ethischen, auch aktuellen, Fragestellungen durch Bonhoeffer Zugänge zu ebendiesen zu ermöglichen. Themenbereiche, die Dietrich Bonhoeffer wichtig gewesen sind, sollen aus seiner Perspektive heraus vorgestellt und zugleich in unsere Zeit transportiert werden und mit den Fragestellungen und Herausforderungen, vor denen Jugendliche heute stehen, verknüpft werden.

Das Heft ist so angelegt, dass jeweils gekennzeichnet ist, ob sich die Arbeitsblätter für die Sek I, die Sek II oder gleichermaßen für beide Sekundarstufen eignen – wobei die Grenzen oft fließend sind. Es ist auch so gedacht, dass eine Auswahl getroffen werden kann – je nachdem, ob beispielsweise der Fokus eher auf Bonhoeffer selbst liegt oder seine Gedanken nur als Anregung für einen anderen Themenkomplex (z. B. Vorbilder) dienen sollen.

Dietrich Bonhoeffer – was bleibt?
Auszüge aus den Reden der Schüler, die im Dietrich-Bonhoeffer-Gymnasium Oberasbach anlässlich des 110. Geburtstags von Bonhoeffer zum 4.2.2016 verfasst worden sind:

Tobias:
»[…] was wir alle meiner Meinung nach von Bonhoeffer lernen können: für unsere Werte und das, was uns wichtig ist, zu kämpfen. Uns nicht einschüchtern zu lassen von Terrorakten oder perverserweise ›Wir sind das Volk!‹ rufenden Ansammlungen von Faschisten. Für die Werte den Mund aufzumachen, aufzustehen und auf die Straße zu gehen, für die Dietrich Bonhoeffer bereit war, vor 70 Jahren sein Leben zu opfern. Nicht zu allem ›Ja und Amen‹ sagen, sondern kritisch hinterfragen. Sich nicht raushalten aus einer Diskussion, sondern einfach mal klar Position beziehen und dann für seine Meinung einstehen, für sie kämpfen. Nicht alles die anderen machen lassen, sondern sich selbst für etwas engagieren, sich selbst für Dinge einsetzen, die einem wichtig sind … – DAS ALLES können wir von Bonhoeffer lernen!«

Samuel:
»Wir alle können in Dietrich Bonhoeffers Spuren wandeln, indem wir auf das hören, was ihm wichtig war, was er gesagt hat und auf welche Quellen er seine Aussagen stützt. So sollte es also zu unserer eigenen Verantwortung werden, diese Schule mit den guten Prinzipien Bonhoeffers weiterzuführen und wo nötig zu verändern, als Schüler, Lehrer oder Eltern.«

Mustafa:
»Wie würde Dietrich heute vielleicht vorgehen? Vielleicht würde er auf rechts orientierte Organisationen hinweisen, damit die Wölfe, die im Schafspelz agieren, für jeden sichtbar werden. Vielleicht würde er auch die Verknüpfung zu den Ereignissen im 3. Reich darlegen. Vielleicht würde er auf die Situation und das Erlebte der Flüchtlinge aufmerksam machen und darauf, dass diese vor eben dem Terror, den wir fürchten, geflohen sind. Vielleicht würde er sie in den Unterricht einladen, damit sie ihr Erlebtes erzählen und die anderen sehen können, dass es sich um Menschen handelt, Menschen in Not. Denn was den meisten Men-

schen Angst macht, ist das Neue, Unbekannte. Doch sie müssen erkennen lernen, dass das Unbekannte nicht das Schlechte ist.«

Jonas:
»In der Aussage ›Nur aus dem Frieden zwischen Zweien und Dreien kann der große Friede einmal erwachsen, auf den wir hoffen. Lasst uns allem Hass, Misstrauen, Neid, Unfrieden, wo wir nur können ein Ende machen!‹* erkennen wir das wirkliche Erbe Dietrich Bonhoeffers: Eine Anleitung zum Weltfrieden, die er uns allen mit auf den Weg gibt, verbunden mit seiner Sicherheit, dass es klappen wird, und dem Befehl, selbst den ersten Schritt zu tun. Indem wir mit den uns Nächsten um uns herum Frieden schließen und anfangen, uns alle wie Brüder und Schwestern anzusehen, dann wird der Weltfriede, auf den wir hoffen, kommen als Nebenprodukt der Brüderlichkeit. Auch hier in der Schule können wir damit anfangen, den Weltfrieden auf diese Art vorzubereiten und einzuleiten. Friede fängt mit uns an, mit dem Einsatz im Kleinen zwischen uns und unseren Nachbarn. Das ist das, was wirklich bleiben muss von Bonhoeffer.«

* (DBW 15, 272)

Lorenz:
»Was jedem Schüler in der Schule vermittelt werden sollte, ist ein Hauptwert Bonhoeffers: Verantwortung. Es geht seiner Meinung nach nicht darum, ›sich selbst heroisch aus der Affäre zu ziehen‹, sondern so zu handeln, dass es kommenden Generationen zum Vorteil gereicht. Auch für uns gilt es, Verantwortung für unsere Gesellschaft zu übernehmen und zu einem konfliktfreien Zusammenleben beizutragen. Und dazu gehört auch, dieses Verantwortungsbewusstsein an andere weiterzugeben, was unter anderem Aufgabe der Schule ist, aber auch die des Staates und des Elternhauses.«

Axel:
»Sein Name ist eine Aufforderung, der wir in seinem Erbe nachkommen müssen. Wir müssen aufstehen und im Namen Bonhoeffers mit gutem Beispiel voran gehen. Es gilt, für unsere Werte einzutreten und die Stimme zu erheben, wenn andere sie mit Füßen treten. Es gilt denjenigen, der Angst vor einer Überfremdung oder gar Islamisierung hat, zu überzeugen, dass aus gelungener Migration ein friedliches Miteinander hier in Deutschland entstehen kann, und die Flüchtlinge keine Bedrohung für uns darstellen. Es gilt, diejenigen zu behindern, die die Orientierungslosigkeit einiger Menschen gnadenlos für ihre eigenen Interessen ausnutzen, sie instrumentalisieren und häufig bereitwillig in den Tod schicken. Daher gilt es, speziell den Opfern von Terrorismus, Faschismus und Katastrophen wieder Hoffnung zu geben. Hoffnung auf eine Besserung der Lage in der Zukunft und ein deutliches Zeichen, dass ihr Opfer nicht umsonst war, so wenig umsonst, wie der Tod von Dietrich Bonhoeffer.«

Siehe auch: www.dietrich-bonhoeffer.net/bonhoeffer-heute/bonhoeffer-aktuell/bonhoeffer-einzelmeldung/news/was-bleibt-redenwettbewerb-am-gymnasium-gross-ilsede/?tx_news_pi1%5Bcontroller%5D=News&tx_news_pi1%5Baction%5D=detail&cHash=5e420cc7f8a0b9a4bef47dfc145da29e (24.1.2017)

Kapitel 1: Biografie

Allgemeine Einführung

»L'homme n'est rien, l'oeuvre – tout.« (»Der Mann ist nichts, die Arbeit – alles.«) Das soll der französische Schriftsteller Gustave Flaubert (1821–1880) geäußert haben. Auf Dietrich Bonhoeffer scheint dieser Satz wenig zuzutreffen. Bonhoeffers Theologie ist ohne den Bezug zu seiner Biografie und den historischen Umständen nicht wirklich zu begreifen. Vor allem seine z. T. fragmentarisch gebliebenen theologischen Überlegungen aus der Haftzeit müssen vor diesem Hintergrund gelesen werden.

Dietrich Bonhoeffer war sehr von seinem familiären Umfeld geprägt. Seine Eltern forderten ihn und begleiteten ihn zugleich in Liebe. Trotz oder wegen seiner privilegierten Herkunft galt Bonhoeffers besondere Zuwendung auch immer denen, die weniger günstige Bedingungen hatten als er selbst. Bonhoeffer war außerordentlich begabt und vielfältig interessiert und hätte in vielerlei Richtungen beruflich erfolgreich werden können. Die Entscheidung, Theologie zu studieren und Pfarrer zu werden, musste er vor seiner Familie rechtfertigen. Aber auch in diesem Bereich konnte er seine breit gefächerten Interessen und Begabungen zum Einsatz bringen: Dienst in verschiedenen Gemeinde und am Predigerseminar, wissenschaftliches Arbeiten, Lehren an der Universität und Verfassen etlicher Schriften.

Bonhoeffers beruflicher und persönlicher Weg veränderten sich grundlegend mit den zeitgeschichtlichen Umständen. Lehr- und Redeverbot und schließlich Haft und Hinrichtung unterbrachen und beendeten schließlich Bonhoeffers Wirken und Leben.

Bonhoeffer selbst war es wichtig, auf den Stellenwert des Diesseits hinzuweisen. Für ihn gab es keine Trennung zwischen Gott und Welt, er sprach von der Diesseitigkeit des Christentums:

»*Es gibt nicht zwei Wirklichkeiten, sondern nur die eine Wirklichkeit, und das ist die in Christus offenbar gewordene Gotteswirklichkeit in der Weltwirklichkeit. An Christus teilhabend stehen wir zugleich in der Gotteswirklichkeit und in der Weltwirklichkeit.*« (DBW 6, 43)

Didaktisch-methodischer Kommentar

Aus diesem grundlegenden Gedanken ergibt sich bereits eine Begründung dafür, Bonhoeffers Werk nicht separat, sondern im Kontext der einen Weltwirklichkeit zu betrachten und auch auf die heutige Zeit zu übertragen.

Die Kenntnis von Bonhoeffers familiären Hintergründen und seiner Biografie insgesamt ist für das Verständnis seiner Theologie und zur Einordnung und Beurteilung seiner Entscheidung, sich dem militärischen Widerstand anzuschließen, hilfreich. Die Beschäftigung mit Bonhoeffers Biografie kann entweder separat zu Beginn einer Unterrichtseinheit über ihn erfolgen oder Abschnitte seiner Lebensgeschichte könnten einzelnen Themenbereichen zugeordnet und dann jeweils in Verknüpfung mit seinem Werk gelesen werden. Sollte viel Zeit zur Verfügung stehen, könnte es auch durchaus sinnvoll sein, eine Ganzschrift zu Bonhoeffers Leben zu lesen. Anbieten würden sich hier z. B.:
- Renate Wind, Dem Rad in die Speichen fallen, 9. Auflage; Basel/Weinheim 2006 (Sek I),
- Christiane Tietz, Dietrich Bonhoeffer. Theologe im Widerstand; München 2013 (Sek II),
- Moritz Stetter, Dietrich Bonhoeffer. Graphic Novel; Gütersloh 2010 (Sek I/II).

M 1 Kinder und Jugendliche interessieren sich für Biografien bekannter Persönlichkeiten, vor allem für die ihrer Idole und Vorbilder. Indem sie sich nun zunächst mit ihrer Autobiografie befassen und dann versuchen, diese mit dem Lebensweg des Kindes Dietrich zu vergleichen, kann es gelingen, ihn den Schülerinnen und Schülern näher zu bringen. Sie können so besser verstehen, dass er nicht nur ein ferner Theologe und Widerstandskämpfer war, sondern so wie sie Kind gewesen ist, wenngleich seine Kindheit sich in vielen Punkten von ihrem eigenen Leben unterscheiden wird.

M 1–M 4 Mit älteren Schülerinnen und Schülern, die die zeitgeschichtlichen Hintergründe möglicherweise im Geschichtsunterricht erarbeitet haben, könnte versucht werden, einen doppelten Zeitstrahl zu erstellen: auf die eine Seite werden die zeit- und kirchengeschichtlichen Ereignisse geschrieben, auf die andere die Stationen aus Bonhoeffers Leben.

Bonhoeffer hat in seinem Leben einige Wendepunkte erlebt, die seinen Lebensweg in eine andere Richtung gelenkt haben, als er es sich vorgestellt hat. Als ein zentraler Wendepunkt ist hier z. B. die Machtergreifung Hitlers zu nennen. Es kann spekuliert werden, inwieweit Bonhoeffers Leben auch ganz anders hätte verlaufen können, wenn er in einer Demokratie hätte leben können.

M 1 Kindheit und Jugend

Sek I/II

Als Dietrich Bonhoeffer am 4. Februar 1906 in Breslau geboren wird, ist die Welt noch in Ordnung. Seine Kinderjahre fallen in eine Epoche, die man später »die gute alte Zeit« nennen wird. […] Dietrich ist das sechste von acht Kindern. Sein Vater, Karl Bonhoeffer, ist Professor für Psychiatrie und Klinikchef in Breslau. Seine Mutter Paula ist eine geborene von Hase. Ihr Vater war Theologieprofessor und zeitweilig Hofprediger Kaiser Wilhelms II. Die Familie, in der Dietrich aufwächst, gehört zur Bildungselite des Deutschen Reiches. […]

Dietrich ist der jüngste der vier Söhne. […] Dietrich, der etwas verträumte Kleine, hat es nicht leicht, sich gegen die Brüder durchzusetzen. Vor allem muss er um die Anerkennung des Vaters kämpfen, der sich viel mehr mit den Großen identifiziert. […] Dietrich gehört zu den drei Kleinen, die nebenher mitlaufen. Unter ihnen allerdings dominiert er. […] Als Dietrich sechs Jahre alt ist, zieht die Familie nach Berlin. Der Vater übernimmt dort den damals führenden Lehrstuhl für Psychiatrie und Neurologie und die Leitung der renommierten Universitätsklinik, der Berliner Charité. […]

In der Familie geht es bei aller Toleranz patriarchalisch zu. Der Vater ist eine Institution. […] Das heißt nicht, dass Karl Bonhoeffer sich nicht um seine Familie kümmert. Im Gegenteil erinnern sich alle Kinder an ihn als einen begeisterten Vater. […] Sich anfassen, Gefühle zeigen, sich spontan einem anderen mitteilen – das alles lernt man bei diesem Vater nicht. […] Gefühle zulassen und ausleben zu dürfen ist Sache der Frauen. […] Diese Rollenverteilung gilt auch bei den Bonhoeffers. […] In den ersten Schuljahren unterrichtet Paula Bonhoeffer ihre Kinder selbst. […] Paula Bonhoeffer […] eröffnet ihren Kindern Freiräume, die für die damalige Zeit ungewöhnlich sind. Sie ist über Jahre für die soziale und emotionale Seite der Erziehung zuständig. Sie erzählt Geschichten, auch aus der Bibel, von ihr lernen die Kinder Lieder und Gedichte. Sie ist die Anlaufstelle für Fragen, Nöte und Probleme in allen Lebenslagen. Von allen Jungen ist Dietrich ihr am ähnlichsten, musikalisch, gefühlbetont, interessiert an Menschen und ihren Geschichten. […]

Renate Wind, Dem Rad in die Speichen fallen, 5. Auflage; Basel/Weinheim 1993; 9–10, 14

Die Bonhoeffer-Geschwister 1909

1. Verfasse stichpunktartig eine Kurzbiografie deines bisherigen Lebens.
2. Stellt euch in Kleingruppen eure Autobiografien vor und diskutiert, ob es Berührungspunkte zwischen Bonhoeffers und euren Lebenswegen gibt.

M 2 — Berufung und Beruf in schweren Zeiten

Sek I/II

Im Winter 1927/28 legte Dietrich sein Erstes Theologisches Examen ab und reichte seine Doktorarbeit ein: *Sanctorum Communio,* die 1930 dann veröffentlicht wurde. […] Nach Abschluss seines Studiums ging Dietrich für ein Jahr als Vikar in die deutsche Gemeinde nach Barcelona – für den dortigen Pfarrer wohl eine etwas schwierige Situation, da der gemütliche Betrieb in der Gemeinde plötzlich aus der Ruhe gebracht wurde. Bonhoeffer regte neue Arbeitsformen an und belebte die alten. Wenn er Gottesdienst oder Kindergottesdienst hielt, war die Kirche voll. […] Wieder zurück in Berlin widmete sich Bonhoeffer erneut der wissenschaftlichen Arbeit, bestand 1930 sein Zweites Theologisches Examen und habilitierte sich. Weil er noch zu jung war, um selbstständig eine Pfarrstelle zu übernehmen, belegte er ein Studienjahr in New York am Union Theological Seminary. Hier schloss er Freundschaften und machte wichtige Erfahrungen in der theologischen und kirchlichen Arbeit, nicht zuletzt durch sein Engagement in der schwarzen Abyssinian-Kirche in Harlem und den Erfahrungen mit der Bewegung des social gospel. […] 1931 kehrte Bonhoeffer nach Deutschland zurück in ein Land, das vor einem politischen Umsturz stand. Neben seiner Tätigkeit als Privatdozent an der Universität übernahm er das Studentenpfarramt an der Technischen Hochschule. In dieser Zeit begann auch seine ökumenische Arbeit. Er wurde zum Jugendsekretär des »Weltbundes für Freundschaftsarbeit der Kirchen« gewählt. Am meisten aber beschäftigte Bonhoeffer in dieser Zeit eine Konfirmandengruppe im Stadtteil Prenzlauer Berg. Mit dieser Konfirmandengruppe aus einem sozialen und politischen Brennpunkt war der zuständige Pfarrer nicht zurechtgekommen. Bonhoeffer ließ die Konfirmanden zunächst toben, dann stellte er sich wortlos vor sie an die Wand und begann leise, sehr leise von den schwarzen Jungen in Harlem zu erzählen. Die Konfirmanden konnten nicht anders als zuzuhören und waren bald fasziniert. Allmählich bekam Bonhoeffer engen Kontakt zu diesen in bedrückenden Verhältnissen lebenden Jungen. Er kümmerte sich persönlich um sie, verbrachte Wochenenden mit ihnen, nahm sie in das Ferienhaus der Familie in Friedrichsbrunn im Harz mit und sorgte mit Hilfe der Mutter dafür, dass jeder der Jungen einen Konfirmationsanzug erhielt. […]

1933, mit dem Jahr der Machtergreifung Adolf Hitlers, gab es einschneidende Veränderungen in Bonhoeffers Leben. Er stand sofort in der kirchlichen Opposition. Schon in den ersten Tagen nach dem 31. Januar 1933 wurde ein Radiovortrag ausgeblendet, in dem Bonhoeffer davon sprach, dass ein Führer, der sich zum Idol seiner Anhänger mache, zum Verführer werde. Bei seinem Vortrag »Die Kirche vor der Judenfrage« drei Monate später verließen einige Hörer verärgert den Saal. […] Im Oktober 1933 übernahm Bonhoeffer ein deutsches Auslandspfarramt in London. […] In London suchte Bonhoeffer nun natürlich Verbindung zur Ökumene. Er fand ein offenes Ohr für die kirchenpolitischen Probleme in Deutschland bei George Bell, dem Bischof von Chichester. Bell, ein überzeugter Pazifist, ließ sich von Bonhoeffer regelmäßig über die Lage der deutschen Kirche informieren. Und Bonhoeffer lag sehr viel an Bells Interesse, denn er hoffte und kämpfte darum, dass Bell die Anti-Nazi-Bewegung in der deutschen Kirche unterstützen würde. […] Neben der Sorge für seine Gemeinde und um die Ökumene lagen Bonhoeffer besonders die Flüchtlinge aus Deutschland am Herzen, jüdische und solche, die aus politischen Gründen von den Nazis vertrieben worden waren. […]

Renate Bethge, www.dietrich-bonhoeffer.net/ leben/studium/; /barcelona-berlin-new-york/entwicklungen/; /entscheidung/; /london/ (24.1.2017)

M 3 Der Weg in den Widerstand

Sek I/II

Im August 1934, noch in Bonhoeffers Londoner Zeit, fand eine große Ökumenische Konferenz in Fanö (Dänemark) statt. […] Seine [Bonhoeffers] Friedensrede in Fanö ist damals sehr bekannt geworden und wird bis in unsere Tage beachtet und immer wieder zitiert. […] Im April 1935 bat die Bekennende Kirche Dietrich Bonhoeffer, nach Deutschland zurückzukehren, um ein von ihr gegründetes illegales Predigerseminar – eine Ausbildungsstätte für Theologen, die sich nach dem Studium an der Universität auf den Beruf als Pfarrer vorbereiten – zu übernehmen und zu leiten. […] Die Zeit in Finkenwalde sollte die jungen Theologen für ihr ganzes Leben prägen. Bonhoeffer führte mit ihnen ein konsequentes christliches Leben, aus dessen Gemeinschaft den jungen Theologen die Kraft erwuchs, den Belastungen und Bedrängnissen standzuhalten, denen sie in ihrer Arbeit innerhalb der Bekennenden Kirche ausgesetzt waren. […] 1937 wurde das Seminar polizeilich geschlossen, die Arbeit aber im Untergrund fortgesetzt. 1940 kam dann das endgültige Verbot. Inzwischen waren die Vikare weitgehend zur Wehrmacht eingezogen worden; sehr viele von ihnen sind zwischen 1939 und 1945 gefallen. Die meisten Überlebenden wurden von der Zeit in Finkenwalde lebenslang beeinflusst. Und auch für Bonhoeffer war diese Zeit sehr prägend. […] Dietrich Bonhoeffer arbeitete fürs erste noch mit seinen Vikaren in dem sogenannten Sammelvikariat, das im April 1939 noch nach Sigurdshof (Pommern) umzog. Aber immer bedrohlicher wurde die Gefahr einer Einberufung Bonhoeffers zum Kriegsdienst. Als der Musterungsbefehl schließlich kam, erreichte der Vater noch eine Zurückstellung, weil Dietrich eine Einladung zu Vorträgen in Amerika hatte. Dietrich hatte bei seinem ersten Amerika-Aufenthalt viele Menschen kennen gelernt und Freunde gewonnen, die sich nun um ihn bemühten. So reiste er also im Juni über London, wo er Schwester und Schwager besuchte, wieder nach New York. Man wusste, dass der Krieg bevorstand und damit Bonhoeffers Situation immer schwieriger werden würde. Amerika schien eine gute Lösung zu sein um den zunehmenden Gefahren zu entgehen. Doch der Gedanke, Familie und Freunde in den Schwierigkeiten zurückgelassen zu haben und selbst abseits in Sicherheit zu sitzen, wurde Bonhoeffer immer unerträglicher. So kehrte er nach sechs Wochen nach Deutschland zurück, obwohl amerikanische Freunde ihn in den USA zurückzuhalten versuchten. […]

Hans von Dohnanyi, Ehemann von Bonhoeffers zweitältester Schwester Christine, arbeitete unter Admiral Canaris im Amt für Spionageabwehr. Beide gehörten führend zu einer Oppositionsgruppe, die sich um Hilfe für bedrängte Juden und um die Dokumentation der Verbrechen des Nationalsozialismus bemühte und später aktiv auf die Tötung Hitlers hinarbeitete.

In dieser Gruppe liefen viele Fäden des Widerstandes zusammen. Bonhoeffer wurde um 1940 als sogenannter V-Mann (zur besonderen Verwendung) eingestellt und entging dadurch der Gefahr, zum Militärdienst eingezogen zu werden. Offiziell sollte er seine Auslandsbeziehungen für die Spionageabwehr zur Verfügung stellen, in Wirklichkeit aber setzte er sie für den Widerstand ein. […] Neben allen politischen und kirchlichen Aufgaben und Aktivitäten im Widerstand gegen das nationalsozialistische Regime blieb es für Bonhoeffer wichtig, theologisch zu arbeiten. Er begann seine Ethik, in der er sich mit Fragen der Verantwortung im politischen und privaten Bereich auseinander setzte. Das begonnene Buch konnte er jedoch nicht mehr abschließen. […] Schließlich wurde die konspirative Arbeit Bonhoeffers entdeckt. Am 5. April 1943 verhaftete ihn die Gestapo, und mit ihm Hans von Dohnanyi und dessen Frau. Christine von Dohnanyi konnte nach fünf Wochen das Gefängnis wieder verlassen.

Renate Bethge, www.dietrich-bonhoeffer.net/leben/london/; /finkenwalde/; /sammelvikariate/; /widerstand/; /tegel/ (24.1.2017)

M4 Haftzeit und Tod

Sek I/II

Obwohl Bonhoeffer immer mit einer Verhaftung gerechnet hatte, war für ihn die erste Zeit im Gefängnis sehr hart. Er wurde in einer verschmutzten Zelle isoliert, niemand sprach ein Wort mit ihm. Von den
5 Eltern erhielt er alle zehn Tage Post, die er auch beantworten durfte. Erlaubt war jede Woche ein Wäschepaket, das zusätzlich Nahrungsmittel und Bücher enthalten durfte. Da die Verlobung mit Maria von Wedemeyer zunächst nicht öffentlich war, dauerte es
10 lange, bis ihm erlaubt wurde, ihr zu schreiben und Briefe von ihr zu erhalten. Dohnanyi und Bonhoeffer waren in verschiedenen Gefängnissen inhaftiert. [...] Mit dem freundlichen Wärter Knobloch plante Dietrich dann die Flucht. Dafür besorgte die Fami-
15 lie Schleicher [Nachbarn der Eltern Bonhoeffers in Berlin] einen Monteuranzug, in dem Knobloch ihn aus dem Gefängnis herausschmuggeln wollte, aber es kam nicht mehr dazu, denn Klaus Bonhoeffer [Bonhoeffers Bruder] und Rüdiger Schleicher [Ehemann
20 von Bonhoeffers Schwester Ursula] wurden verhaftet, kurz darauf Dietrich in das üble Hauptgefängnis der Gestapo in der Prinz-Albrecht-Straße verlegt, wohin auch Hans von Dohnanyi für eine Weile gekommen war, ehe er ins KZ Sachsenhausen gebracht wurde. [...]
25 Klaus Bonhoeffer und Rüdiger Schleicher wurden am 23. April von der Gestapo erschossen. Hans von Dohnanyi [...] wurde am 9. April im KZ Sachsenhausen umgebracht. [...] Am 28. Februar versuchten die Eltern noch einmal, Dietrich in der Prinz-Albrecht-Stra-
30 ße mit einem Brief zu erreichen. Aber schon am 7. Februar war er über Buchenwald und andere Stationen nach Flossenbürg gebracht worden. Die Familie erfuhr nichts. Maria von Wedemeyer suchte ihren Verloben in verschiedenen Lagern, auch in Flossenbürg, vergeb-
35 lich. In der Morgendämmerung des 9. April 1945 wurde Dietrich Bonhoeffer im Lager Flossenbürg erhängt. Erst im Juli erfuhr die Familie davon. Die Eltern hatten, wie so oft, den englischen Sender BBC eingestellt. Dort lief eine Trauerfeier für Dietrich Bonhoeffer. Dietrichs
40 alte Freunde, der Bischof George Bell von Chichester und Franz Hildebrandt sprachen. Damit war der letzte Hoffnungsschimmer, dass Dietrich Bonhoeffer doch noch zurückkehren könnte, begraben. [...]

Renate Bethge, www.dietrich-bonhoeffer.net/leben/tegel/ (24.1.2017)

Aus dem Bericht des Lagerarztes, der Bonhoeffer bei seiner Hinrichtung erlebt hat:

»Durch die halbgeöffnete Tür eines Zimmers im Ba-
45 rackenbau sah ich vor der Ablegung der Häftlingsklei-
dung Pastor Bonhoeffer in innigem Gebet mit seinem Herrgott knien. Die hingebungsvolle und erhörungsgewisse Art des Gebetes dieses außerordentlich sympathischen Mannes hat mich auf das Tiefste erschüt-
50 tert. Auch an der Richtstätte selbst verrichtete er noch ein kurzes Gebet und bestieg dann mutig und gefasst die Treppe zum Galgen. Der Tod erfolgte nach wenigen Sekunden. Ich habe in meiner fast 50jährigen ärztlichen Tätigkeit kaum je einen Mann so gottergeben sterben sehen.«
55

Zitiert in Eberhard Bethge, Dietrich Bonhoeffer. Eine Biographie, 8. Auflage; Gütersloh 2004; 1038

Dietrich Bonhoeffers Vater, Karl Bonhoeffer, schrieb nach dem Tod seiner Söhne und Schwiegersöhne an einen Kollegen:

»Dass wir viel Schlimmes erlebt und zwei Söhne und zwei Schwiegersöhne durch die Gestapo verloren haben, haben Sie, wie ich höre, erfahren. Sie können sich denken, dass das an uns alten Leuten nicht ohne Spu-
60 ren vorübergegangen ist. Die Jahre dadurch stand man unter dem Druck der Sorge um die Verhafteten und die noch nicht Verhafteten, aber Gefährdeten. Da wir aber alle über die Notwendigkeit zu handeln einig waren und meine Söhne auch sich im Klaren waren, was ihnen bevorstand im Falle des Misslingens des Komplotts und
65 mit dem Leben abgeschlossen hatten, sind wir wohl traurig, aber auch stolz auf ihre gradlinige Haltung.«

Zitiert in Renate Bethge, Dietrich Bonhoeffer. Eine Skizze seines Lebens, Gütersloh 2004; 86

---

1. Erstelle einen Zeitstrahl zu Bonhoeffers Biografie (auf Grundlage von M 1–M 4).
2. Benenne zentrale Wendepunkte auf Bonhoeffers Lebensweg. Entscheidet euch zu zweit für einen Wendepunkt und überlegt euch, wie sein Leben auch anders hätte verlaufen können.

Kapitel 2: Wer glaubt, der flieht nicht

Allgemeine Einführung

1939 reiste Dietrich Bonhoeffer aus Deutschland in die USA, um der drohenden Einberufung zum Kriegsdienst zu entgehen und auch, um dort wieder frei lehren zu können. Seine dortigen Freunde hatten ihm ideale Bedingungen geschaffen und taten alles, um ihm den Aufenthalt dort zu erleichtern. Dennoch kehrte er nach einigen Wochen nach Deutschland zurück, in dem Wissen, dass er einer ungewissen und gefährlichen Zukunft entgegenreiste. Seine Beweggründe hat er z. T. in seinem Tagebuch festgehalten. Es waren sehr unterschiedliche Gründe: Heimweh, Verantwortungsgefühl für sein Land und das Gefühl, dass seine Stimme in Deutschland nach Ende der NS-Diktatur kein Gehör finden würde, wenn er nicht zurückkehren würde.

Didaktisch-methodischer Kommentar

Mit der Entscheidungssituation »Rückkehr nach Deutschland« (»zu den Nazis«) oder »Bleiben in den sicheren USA« beginnt der Bonhoeffer-Spielfilm *Die letzte Stufe*, der unter dem Oberthema »Gewissen« steht.

Bonhoeffers Flucht auf Fluchtsituationen unserer Zeit zu beziehen, ist ein Wagnis. Einerseits lassen sich Parallelen ziehen: Flucht aus einem unsicheren, gefährlichen Land, Einschränkung der beruflichen und persönlichen Freiheit etc. Andererseits war Bonhoeffer in einer sehr privilegierten Situation. Er war zu der Zeit nicht unmittelbar stark gefährdet und seine Flucht war gut vorbereitet und begleitet und für Bonhoeffer nicht mit Gefahren verbunden. Entscheidend ist vielmehr, dass er mit Gefühlen zu kämpfen hatte, die möglicherweise viele andere Flüchtlinge auch heute teilen: Heimweh, Unsicherheit und Gewissensbisse, was die Zurückbleibenden angeht.

M 1 Es gibt viele Gründe, warum Menschen auf der Flucht sind: Unterdrückung, Hunger, Krieg, Diskriminierung aufgrund ihrer Hautfarbe, ihrer politischen Einstellung oder ihrer Religion. Die Thematik ist hochaktuell und muss wegen der Schülerinnen und Schülern, die möglicherweise selbst von Fluchtsituationen betroffen sind oder waren, sensibel behandelt werden.

M 2 Dass besonders Kinder unter Fluchtsituationen leiden, können sich Schülerinnen und Schüler vermutlich besonders gut vorstellen. Es kann mit der notwendigen Sensibilität erörtert werden, inwiefern Flucht für Kinder einerseits schwerer, andererseits leichter als für viele Erwachsene ist.

M 3 Nach dem lebensweltlichen Einstieg ist es möglicherweise einfacher, sich mit Bonhoeffers Beweggründen für seine »Flucht« zu befassen.

M 4 Was bedeutet Heimat für die Schülerinnen und Schüler? Es gibt immer wieder Menschen, die trotz der Sicherheiten im Ankunftsland zurück in ihre häufig nach wie vor gefährliche Heimat kehren. Die möglichen Gründe dafür sollen anhand von konkreten Beispielen besprochen und in Beziehung zu den Vorüberlegungen der Jugendlichen gebracht werden.

M 5 Auch Bonhoeffer ist in seine Heimat zurückgekehrt, obwohl er wusste, was ihn erwarten könnte. Die Zitate deuten Bonhoeffers innere Zerrissenheit in dieser Situation an.

M 6 Der Zwiespalt Bonhoeffers kommt in den beiden Texten zum Ausdruck. Es wird deutlich, dass er sich seine Entscheidung nicht leicht gemacht hat und um sie gerungen hat, sich dann aber mit dem vollem Bewusstsein, was ihn in Deutschland erwarten würde, auf die Herausforderung eingelassen hat.

M 1 Menschen auf der Flucht

Sek I

© bykst/pixabay

»Ich hatte eine Familie und ein gutes Einkommen, aber ich musste fliehen«, erzählt Peter O.*, dessen Leben in Nigeria von Angriffen der Boko Haram bedroht war. Seit 2011 versucht die radikal-islamische Gruppe, im Nordosten des Landes gewaltsam einen eigenen Staat zu errichten. Schätzungsweise 2,2 Millionen Menschen sind deshalb in Nigeria auf der Flucht.

Peter verließ sein Haus ohne sein Hab und Gut. Um seine Familie zu schützen, erzählte er ihnen nicht, wo er sich aufhielt. Zuerst versuchte er, in Niger und Libyen Arbeit zu finden. Doch auch dort war es auf Dauer für ihn nicht sicher genug. »Wir ließen nachts beim Schlafen unsere Schuhe an, weil wir in jedem Moment bereit sein mussten zu fliehen«, erklärt Peter über seine Zeit in Libyen.

Aus Angst um sein Leben, traf er die Entscheidung, über das Mittelmeer nach Europa zu fliehen. »Entweder steige ich in ein Boot und überquere das Meer nach Europa oder sterbe in meinem Land. Ich habe mich für das Meer entschieden.«

* Name der Redaktion bekannt

Peter aus Nigeria: »Ich war glücklich in meinem Land.«, 16.8.2016, www.oxfam.de/ueber-uns/aktuelles/2016-08-16-war-gluecklich-meinem-land (24.1.2017)

1. Besprecht in der Klasse, aus welchen Gründen Menschen fliehen.
2. Recherchiert im Internet Fluchtgeschichten.

M 2 Kinder auf der Flucht — Sek I

© Andreas Poertner/Shutterstock.com

51 Prozent der knapp 60 Millionen Menschen, die sich auf der Flucht oder in flüchtlingsähnlichen Situationen befinden, sind jünger als 18 Jahre. Flüchtlingskindern drohen in den Kriegswirren besondere Gefahren: Sie werden als Kindersoldaten rekrutiert und zum Kämpfen und Töten gezwungen. Sie müssen häufig lange und schwer arbeiten, um ein bisschen Geld zum Überleben zu verdienen. Und es kommt immer wieder zu Zwangsehen und Vergewaltigungen.

Die Erfahrungen und Erlebnisse, die Kinder im Krieg und auf der Flucht machen, hinterlassen in ihrer Seele tiefe Verletzungen. Angstzustände, Depressionen, Schlafstörungen sowie jahrelange psychosomatische Leiden sind die Folgen und können die Entwicklung eines Kindes nachhaltig beeinträchtigen. Auch die Ungewissheit um die eigene Zukunft macht den jungen Flüchtlingen zu schaffen. Mädchen, die Opfer von Vergewaltigungen wurden aber auch Kindersoldaten, die selbst zu den grausamsten Taten gezwungen wurden, leiden oft ein Leben lang unter Scham und Ausgrenzung. Kinder wollen spielen und lernen. UNHCR bemüht sich daher, Flüchtlingskindern den Schulbesuch sowie Spiel- und Freizeitmöglichkeiten zu ermöglichen. Denn ein geregelter und abwechslungsreicher Tag gibt den Kindern ein wenig Struktur und Sicherheit zurück. Zudem ist eine gute Ausbildung der Schlüssel für eine hoffentlich bessere Zukunft und die Ablenkung beim Spiel lässt sie die Schrecken der Flucht wenigstens für eine Weile vergessen. Immer wieder werden Kinder auf der Flucht von ihren Eltern und Angehörigen getrennt oder sie werden zu Waisen. Sie sind besonders verletzlich und schutzbedürftig. Auch in Deutschland kommen seit Jahren immer mehr minderjährige Flüchtlinge alleine an und sind auf besondere Hilfestellung angewiesen.

Flüchtlingskinder, www.uno-fluechtlingshilfe.de/fluechtlinge/fluechtlingsschutz/fluechtlingskinder.html (24.1.2017)

Alles, was wir uns wünschen, ist Sicherheit
Die Familie von Hussein (10) lebte als palästinensische Flüchtlinge in Syrien. Durch den Bürgerkrieg wurde sie ein zweites Mal vertrieben und hofft in Deutschland endlich auf Sicherheit und Frieden. Die grausamen Dinge, die Hussein und seine Brüder Hassan (7) und Mohammed (2) in Aleppo gesehen haben, gehen ihnen nicht aus dem Kopf. Der zweijährige Mohammed kann nicht sprechen, aber sein Verhalten spricht Bände über die traumatischen Erlebnisse, die er bereits durchgemacht hat. Er ist aggressiv, schreit viel, lässt sich auf kein Spiel ein. Seine großen Brüder Hussein (10) und Hassan (7) haben dagegen ein großes Bedürfnis, zu reden.

Ich habe Hussein mit seinen beiden jüngeren Brüdern vor kurzem in einer Notunterkunft in Köln getroffen, was ein sehr besonderes Erlebnis für mich war. […] »In unserem Dorf sind fast alle Straßen zerstört«, erzählt Hussein. »Einmal sind wir nach Latakia gefahren und als wir zurückkamen, haben wir überall nur Blut gesehen. Unsere Verwandten und Freunde wurden getötet, und wir wussten nicht einmal, welche Kriegspartei uns bombardiert hatte.«

Die Mutter denkt, dass ihre Kinder vieles vergessen hätten. Aber Hassan erinnert sich noch genau an den Tag, als sein ungeborener Bruder starb. »Meine Mutter hatte ein Baby im Bauch. Sie hat es verloren, nachdem ein Flugzeug unser Dorf attackiert hat. Es war am Muttertag, ich wollte meine Mutter trösten und habe ihr ein Geschenk gekauft«, sagt Hassan. […] Jeden Tag griffen Raketen und Flugzeuge die Umgebung an. Wegen der Blockade gab es außerdem monatelang kaum Nahrungsmittel. Der Familie blieb keine andere Wahl, vor drei Monaten riskierte sie die Flucht. Seit zwei Monaten sind die Eltern mit den drei Jungen jetzt in Deutschland, momentan warten sie in einer Notunterkunft in Köln darauf, dass sie einer Gemeinde zugewiesen werden. »Alles, was wir uns wünschen, ist Sicherheit. Nur Sicherheit«, sagt Hussein. […] In der Notunterkunft für Flüchtlinge, einer Zeltstadt, gibt es ein Spielzelt und Hussein kann ein bisschen Deutsch lernen. Aber ihm ist langweilig und er würde lieber in einem Haus wohnen. Vor dem Krieg hatten sie in Syrien ein ruhiges Leben, sie hatten sogar zwei Häuser und ein Auto. Ein Haus mussten sie abgeben an Syrer, die ihr Zuhause verloren hatten. Alles, was ihnen geblieben war, haben sie verkauft, um die Flucht zu bezahlen. Noch mehr als das Schlafen im großen Gemeinschaftszelt stört Hussein, dass er nach zwei Monaten in Deutschland noch nicht zur Schule gehen kann. »Ich frage meine Mutter jeden Tag, wann ich endlich zur Schule gehen darf«, sagt er. In Aleppo, erzählt Hussein stolz, war er letztes Jahr der beste Schüler seines Jahrgangs. Seine Schule war nicht wie so viele andere zerstört. Besonders gut war er in Sprachen, Arabisch und Englisch. Jetzt wird auch Deutsch eines seiner Lieblingsfächer, sagt er. »Wie heißt du«, kennt er schon, und die Zahlen bis zehn. Hussein denkt nicht, dass er jemals wieder nach Syrien zurückgehen kann. Er hat große Pläne für die Zukunft. »Ich interessiere mich für Wissenschaft, ich möchte studieren und Arzt oder Ingenieur werden.«

Ninja Charbonneau, KINDHEIT KANN NICHT WARTEN, TEIL 1, 30.11.2015, www.unicef.de/informieren/aktuelles/blog/2015/kindheit-kann-nicht-warten-teil1/93992 (24.1.2017)

1. Schreibt in Partnerarbeit in Form eines Schreibgesprächs eure Assoziationen zu dem Bild des Jungen mit dem Koffer auf. (Was mag er in seinem Koffer haben …?)
2. Diskutiert in Kleingruppen, was eure Sorgen, Hoffnungen und Wünsche wären, wenn ihr euer Land verlassen müsstet.
3. Bei Fluchtsituationen ist manches ist für Kinder schwerer, anderes leichter als für Erwachsene. Diskutiert diese These unter Einbeziehung des Berichtes über Hussein und Hassan.
4. Informiere dich über Hilfsangebote speziell für geflüchtete Kinder. Besprecht in Gruppen, was ihr selbst tun könnt, um Flüchtlingen und speziell geflüchteten Kindern zu helfen.

M3 Dietrich Bonhoeffer auf der Flucht

Sek I

Warum fuhr Dietrich Bonhoeffer 1939 nach New York? Eine vorläufige Antwort: Um Zeit zu gewinnen. Er wollte der drohenden Musterung, der Einberufung in die Wehrmacht und dem Eid auf Adolf Hitler aus dem Weg gehen. Am 14. Dezember 1938 schreibt Bonhoeffer an Paul Lehmann, einen amerikanischen evangelischen Theologen, mit dem er seit 1930 befreundet ist, und bittet, ihn »mal auf ein Semester« in die USA einzuladen. Am 23. April 1939 richtet Bonhoeffer an das Wehrmeldeamt seiner Wohnsitzgemeinde Schlawe in Pommern einen Antrag mit einem Urlaubsgesuch für eine USA-Reise vom 1.5.39–1.5.40. [...]

Seine innere Einstellung hätte Bonhoeffer dazu gezwungen, sich im Fall seiner Einberufung als Kriegsdienstverweigerer zu erklären und sich damit in höchste Lebensgefahr zu bringen. »Wehrdienstverweigerung wurde im Dritten Reich, auch schon vor Kriegsausbruch, mit Gefängnis, Konzentrationslager und Hinrichtung bestraft; dem fielen etwa 2.000 Zeugen Jehovas und andere ... zum Opfer« (DBW 14, 621, Anmerkung 125).

Kurz vorher »am 3. November 1938 musste sich Bonhoeffer ... wie jeder andere bei der polizeilichen Meldebehörde seines Wohnortes (Schlawe in Pommern; K.M.) in das ›Wehrstammblatt‹ eintragen lassen. Das war noch nicht die Musterung, aber er war nun verpflichtet, jeden Aufenthaltswechsel und größere Urlaubsreisen zu melden und für Auslandsreisen eine besondere Erlaubnis einzuholen« (DB 714). [...]

Am 13. Mai – also noch bevor über sein Urlaubsgesuch entschieden ist – erhält Bonhoeffer die Aufforderung zur Musterung am 22. Mai. Er wendet sich daraufhin sofort an seinen Vater, den Berliner Professor Karl Bonhoeffer, und bittet ihn, sich mit seinem berühmten Namen und seinen Beziehungen für den Sohn zu verwenden. Die Intervention glückte rechtzeitig. Das Wehrmeldeamt in Schlawe zog den Musterungsbefehl tatsächlich zurück und fand sich bereit, die Unbedenklichkeitsbescheinigung für ein Jahr auszustellen. Am 2. Juni 1939 konnte Bonhoeffer aus Berlin in den Westen abreisen.

Vortrag von Karl Martin, gehalten auf der Veranstaltung »Kultur als Waffe – Intellektuelle im Exil« am 20 Juli 2001 in der Französischen Friedrichstadtkirche am Gendarmenmarkt in Berlin

Karl Martin, Warum kehrte Dietrich Bonhoeffer 1939 aus New York nach Deutschland zurück?, 20.7.2001, www.dbstiftung-wiesbaden.de/fileadmin/Dateien_dbSt/1.4_DB_Texte_zur_Bio_Theo/Bonhoeffers_Rueckkehr_aus_New_York.pdf (24.01.2017)

1. Auch Dietrich Bonhoeffer ist geflohen – wie viele Menschen zur Zeit des Nationalsozialismus. Schreibe aus der Sicht Bonhoeffers einen Brief an den besten Freund Eberhard Bethge, um deine Beweggründe zu erklären.
2. Lassen sich Bezüge zwischen Bonhoeffers Entscheidung, seine Heimat zu verlassen, und der aktuellen Situation von Flüchtlingen herstellen?

M4 Warum gehen Menschen zurück in die Heimat?

Sek I

1. Was bedeutet für dich Heimat? Verfasse dazu ein kurzes Gedicht oder male ein Bild.
2. Markiere in der folgenden Aufzählung diejenigen Begriffe, die für dich mit Heimat zu tun haben (und ergänze die Liste gegebenenfalls auch). Suche anschließend die drei Begriffe heraus, die für dich persönlich am meisten mit Heimat zu tun haben, und tausche dich mit deinem Nachbarn/deiner Nachbarin über die Ergebnisse aus.

> Sicherheit – Gerüche – dein Land – Lieblingsessen deiner Kindheit – Enge – das Gefühl, das du hast, wenn du aus dem Urlaub zurückkommst – Vertrauen – Kindheitserinnerungen – deine Stadt/Dorf – Familie – Spießigkeit – eine bestimmte Landschaft – dein Geburtsort – Vertrautheit – so sein können, wie man ist – Wiederholung – _____ – _____ – _____

Als Bashar zum ersten Mal seit einem Jahr wieder vor seinem Vater steht, ist der nur stumm vor lauter Ärger. Die Mutter weint vor Freude. Er hat seinen Eltern nicht Bescheid gegeben. »Es ist meine Entscheidung gewesen. Ich musste sie treffen«, sagt er. Und er ist zufrieden damit. Er hat das alte Geschäft wieder aufgebaut, sich daneben noch einen anderen Job gesucht. Noch immer hat er nur noch acht Stunden Strom am Tag, noch immer ist das Leben teuer. Und immer wieder kann es zu Bombenangriffen kommen. Trotzdem sei er jetzt glücklich, sagt er.

Seine Rückkehr hat er nicht bereut. Wenn er heute etwas anderes machen würde, dann flüchtete er nur mehr mit Familie. »Es ist sehr hart, allein in Deutschland zu sein. Am Anfang denkst du dir, es ist eh nur für eine kurze Zeit. Aber es ist doch länger, als du glaubst, und mit den vielen Menschen wird es noch länger.«

Den deutschen Pass hat er noch. Er könnte damit nach Deutschland zurück. »Aber im Moment«, sagt er, »will ich das sicher nicht.«

Eva Winroither, Goodbye Germany: Bashar geht zurück, Die Presse 19.12.2015, diepresse.com/home/panorama/welt/4891153/Goodbye-Germany_Bashar-geht-zurueck (24.1.2017)

Mohammed Abbas sagt, er sei wegen seiner Kinder nach Deutschland gekommen, er habe ihnen ein besseres Leben bieten wollen. »Jetzt gehe ich wegen meiner Kinder wieder zurück, ich kann sie nicht allein lassen.«

Sebastian Kempkens, Zurück in den Krieg, DIE ZEIT Nr. 5/2016, www.zeit.de/2016/05/fluechtling-syrien-freiwillige-ausreise-rueckkehr/seite-3 (24.1.2017)

1. Denkt unter Einbeziehung der Äußerungen von Bashar und Mohammed Abbas in Kleingruppen über die Gründe nach, die Menschen bewegen können, zurück in ihre Heimat zu gehen, selbst wenn dort noch die Bedingungen herrschen, die sie zur Flucht bewogen haben.
2. Lassen sich Bezüge zwischen ihren Beweggründen und dem, was für euch Heimat ist, herstellen?

M 5 War es doch ein Fehler?

Sek I

Bin ich doch ausgewichen?
(DBW 15, 218)

*Ich begreife nicht,
warum ich hier bin.*
(DBW 15, 222)

*Ich hätte nicht für möglich gehalten,
dass man in meinem Alter nach so
vielen Jahren im Ausland so qualvolles
Heimweh kriegen kann.*
(DBW 15, 222)

*Ich bin jetzt überzeugt, dass mein
Kommen nach Amerika ein
Fehler war.*
(DBW 15, 210)

© geralt/pixabay

1. Bonhoeffer ist in Sicherheit und befindet sich doch in einem Zwiespalt. Versuche, diesen anhand der Gedanken Bonhoeffers zu beschreiben.
2. Warst du jemals in einer vergleichsweise zwiespältigen Situation (sie muss nicht so dramatisch gewesen sein wie Bonhoeffers Situation)? Beschreibe sie kurz und formuliere entsprechende Fragen/Gedanken, die dir durch den Kopf gegangen sind.

M 6 Wer glaubt, der flieht nicht

Sek II

Bei seiner Ankunft in New York wurde Bonhoeffer von seinen dortigen Freunden empfangen und umsorgt. […] Untergebracht wurde er im Gästezimmer des Union Seminary. Man hatte Einladungen zu Vorlesungen und Vorträgen eingefädelt. Außerdem sollte »ihm die Betreuung der Emigranten in New York im Auftrag des American Committee für Christian German refugees in the City of New York übertragen werden.« Auf all diese Angebote konnte Bonhoeffer nicht offen und unbefangen zugehen, weil ihn die »Zweifel am eigenen Weg« zusehends in Unruhe versetzten. »… bin ich doch … ausgewichen …?« »Ich begreife nicht, warum ich hier bin …« »Seit gestern Abend kommen meine Gedanken von Deutschland nicht los. Ich hätte nicht für möglich gehalten, dass man in meinem Alter nach so vielen Jahren im Ausland so qualvolles Heimweh kriegen kann.« »… werde ich hier jemals wirklich sinnvolle Arbeit tun können? – Beunruhigende politische Nachrichten. … Wenn es jetzt unruhig wird, fahre ich bestimmt nach Deutschland. Ich kann nicht allein draußen sein. Das ist mir ganz klar. Ich lebe ja doch drüben.« Am 20. Juni findet die entscheidende Besprechung mit Leiper [Sekretär des Federal Council of Churches und Freund Bonhoeffers] statt. Bonhoeffer lehnt die Übernahme der Flüchtlingsarbeit ab, weil ihm die offizielle Betreuung von Gegnern des »Dritten Reiches« eine Rückkehr in das nationalsozialistische Deutschland unmöglich machen würde. Ergänzend nennt er für seinen Entschluss zwei weitere Begründungen: »an erster Stelle das Versprechen«, das er seiner Familie, seinen Freunden und der Bekennenden Kirche gegeben hat, vor Ausbruch des Krieges, spätestens nach einem Jahr wieder in Deutschland zu sein; »dann die Freude der Arbeit« daheim für die Vikarsausbildung der Bekennenden Kirche in Pommern und darüber hinaus die Teilnahme an dem Kirchenkampf und den politischen Auseinandersetzungen. In den Tagen nach dem Gespräch mit Leiper wird ihm immer klarer, dass er die richtige Entscheidung getroffen hat. Losungsworte bestärken ihn in seiner Haltung wie das Zitat aus Jesaja 28, 16: »Wer glaubt, der flieht nicht.« […] Bonhoeffer bricht seinen USA-Aufenthalt vorzeitig ab und begibt sich in der Nacht vom 7. auf den 8. Juli auf das Schiff, das ihn zurück nach Europa bringen wird.

Karl Martin, Warum kehrte Dietrich Bonhoeffer 1939 aus New York nach Deutschland zurück?, 20.7.2001, www.dbstiftung-wiesbaden.de/fileadmin/Dateien_dbSt/1.4_DB_Texte_zur_Bio_Theo/Bonhoeffers_Rueckkehr_aus_New_York.pdf (24.01.2017)

Dietrich Bonhoeffer:

Ich bin jetzt überzeugt, dass mein Kommen nach Amerika ein Fehler war. Diese schwierige Epoche unserer nationalen Geschichte muss ich bei den Christenmenschen Deutschlands durchleben. Ich habe kein Recht, an der Wiederherstellung des christlichen Lebens in Deutschland nach dem Krieg mitzuwirken, wenn ich nicht die Prüfungen dieser Zeit mit meinem Volk teile. Die Christen in Deutschland werden vor der furchtbaren Alternative stehen, entweder die Niederlage ihrer Nation zu wollen, damit die christliche Zivilisation überlebe, oder den Sieg ihrer Nation zu wollen und damit unsere Zivilisation zu zerstören. Ich weiß, welches von beidem ich wählen muss, aber ich kann diese Wahl nicht treffen in Sicherheit.

(DBW 15, 644)

Skizzieren Sie Bonhoeffers Entscheidung, nach Deutschland zurückzugehen. Erörtern Sie das Für und Wider. Können Sie Bonhoeffers Entscheidung nachvollziehen?

Kapitel 3: Schlimmer als die böse Tat ist das Böse-sein

Allgemeine Einführung
Bonhoeffers ethischer Ansatz ist vor dem Hintergrund der zeitgeschichtlichen Situation zu verstehen und zu deuten – auch hier zeigt sich, dass Bonhoeffers Gedanken nicht weltfremd waren, sondern sich in der einen Weltwirklichkeit (vgl. Kapitel 1) abgespielt haben. Die politische Bedeutung, die Bonhoeffer im Widerstand gespielt hat, ist weniger bemerkenswert als seine Entscheidung, sich dem Widerstand anzuschließen, der dieser Entscheidung vorangegangene Gewissenskonflikt und die daraus erwachsenen theologischen (er stellt seine Überlegungen in den Kontext der Sündenlehre) und ethischen Konsequenzen.

Didaktisch-methodischer Kommentar
Bonhoeffer hat sich seine Entscheidung, sich am politischen Widerstand zu beteiligen und damit den Tyrannenmord als letztes Mittel zu akzeptieren, nicht leicht gemacht und Gewissenskonflikte durchlebt. Die Jugendlichen können erfahren, dass es notwendig sein kann, Verantwortung für ihr Handeln zu übernehmen und die damit verbundenen Konsequenzen in Kauf zu nehmen.

M 1 Bonhoeffer unterscheidet zwischen bösen Taten und dem Böse-sein – der Schlechtigkeit an sich. Anhand von konkreten Beispielen können die Schülerinnen und Schüler darüber diskutieren, was unter »bösen Taten« zu verstehen ist. Und wer gibt vor, was »böse« ist? Sind »böse Taten« z. B. Übertretungen der Gebote? Welche Rolle spielt die Gesinnung? Auch in der Sek I kann schon diskutiert werden, ob Bonhoeffer durch diese Gedanken auch seine persönliche Entscheidung begründen wollte.

M 2 Falls der Schwerpunkt der Einheit auf dem Thema »Sünde« liegen sollte, müsste die Textauswahl über die knappe Definition von Cornelia Richter hinaus erweitert werden. Diese benennt den grundsätzlichen Unterschied zwischen prinzipieller (in der Theologiegeschichte auch als Erbsünde bezeichnet) und faktischer Sündhaftigkeit. Bonhoeffer unterscheidet zwischen schweren und leichte Sünden, Abfall und Fall.

Heiko Ernst zeigt die heutige Relevanz der alten Vorstellung von den Todsünden auf, die anthropologische Komponenten benennen und von daher zeitlos und auch für Jugendliche nachvollziehbar sind und der abstrakten Sündenvorstellung ein Gesicht geben.

M 3 Die Unterteilung von deontologischer und teleologischer Ethik ist ein philosophisches Konstrukt. Viele ethische Ansätze lassen sich eher der einen oder der anderen Konzeption (in diesem Kontext gibt es auch noch etliche Unterkategorien, die hier nicht aufgeführt werden können) zuordnen. Bonhoeffers ethischer Ansatz wird häufig als Verantwortungsethik bezeichnet (wobei dieser vom Ansatz von Max Weber zu unterscheiden ist). Die Besprechung könnte ergeben, dass Bonhoeffers Überlegungen jeweils ansatzweise sowohl zu dem einen, als auch zu dem anderen Konzept passen.

M 4 Bonhoeffer meint, dass in der konkreten Situation entschieden werden muss, wie zu handeln ist, und die Konsequenzen der Handlung dann auch getragen werden müssen.

M 5 Wer seine Schuld in Verantwortung auf sich nimmt und vor Gott bringt, kann auch auf die Vergebung von Gott hoffen. Wenn dieser Aspekt mit jüngeren Schülerinnen und Schülern besprochen wird, kann diskutiert werden, in welchen Situationen und von wem sie Vergebung erfahren haben und ob sie selbst bereit sind, zu vergeben.

M 1 »Schlimmer als die böse Tat ist das Böse-sein.«

Sek I

© George Dolgikh/Colourbox

»Schlimmer als die böse Tat ist das Böse-sein.«
Dietrich Bonhoeffer

© hurricanehank/panthermedia

1. Diskutiert in der Klasse unter Einbeziehung der Bilder, was ihr unter »bösen Taten« versteht.
2. Bonhoeffer unterscheidet zwischen »bösen Taten« und dem »Böse-sein.« Erkläre diesen Unterschied einem Freund/einer Freundin in einer Kurznachricht.
3. Die Entscheidung, sich dem aktiven, militärischen Widerstand anzuschließen und den Tod Hitlers zu planen, war für Bonhoeffer schwierig. Schreibe einen fiktiven Brief Bonhoeffers an seine Eltern und begründe diesen Enschluss unter Verwendung der Begriffe »böse Taten« und »Böse-sein«.

M 2 Es ist nicht die eine Sünde wie die andere

Sek II

© jamesgroup/panthermedia

Cornelia Richter: Was ist Sünde?
In der Grundstruktur ist […] bei allen berühmten Theologien die Unterscheidung enthalten zwischen a) einer prinzipiellen Sündhaftigkeit des Menschen, die sich als faktische Egozentrik verstehen lässt, die aber nicht mit einem willentlichen Egoismus gleichzusetzen ist; ich bezeichne sie gerne als prinzipielle Defizienz/Fehlbarkeit; und b) der faktischen Sündhaftigkeit des Menschen, in der wir in bestimmten Dingen durchaus selbst verantwortlich sind, auch wenn wir in vielfältiger Weise in die Zeitläufte, sozialen Kontexte und psychischen Bedingtheiten verstrickt sind.

Cornelia Richter, Kurzer Abriss der Sündenlehre, www.theol-updates.uni-bonn.de/fragen/Suende (24.1.2017)

Dietrich Bonhoeffer:
Heute gibt es wieder Bösewichter und Heilige, und zwar in aller Öffentlichkeit. Aus dem Grau in Grau des schwülen Regentages ist die schwarze Wolke und der helle Blitz des Gewitters geworden. Die Konturen sind überscharf. Die Wirklichkeit enthüllt sich. Die Gestalten Shakespeares gehen um. Der Bösewicht und der Heilige aber haben wenig oder nichts mit ethischen Programmen zu tun, sie steigen aus Urgründen empor, sie reißen mit ihrem Erscheinen den höllischen und den göttlichen Abgrund auf, aus dem sie kommen und lassen uns in nie geahnte Geheimnisse kurze Blicke tun. Schlimmer als die böse Tat ist das Böse-sein. Schlimmer ist es, wenn ein Lügner die Wahrheit sagt, als wenn ein Liebhaber der Wahrheit lügt, schlimmer wenn ein Menschenhasser Bruderliebe übt als wenn ein Liebhaber der Menschen einmal vom Hass überwältigt wird.

Besser als die Wahrheit im Munde des Lügners ist noch die Lüge, besser als die Tat der Bruderliebe des Menschenfeindes ist der Hass. Es ist also nicht die eine Sünde wie die andere. Sie haben verschiedenes Gewicht. Es gibt schwerere und leichtere Sünde. Der Abfall wiegt unendlich viel schwerer als der Fall. Die glänzendsten Tugenden des Abgefallenen sind nachtschwarz gegen die dunkelsten Schwächen der Treuen. (DBW 6, 62 f.)

1. Was ist Sünde? Verfassen Sie zunächst für sich eine Definition und befassen Sie sich dann unter Einbeziehung des Bildes, des Textes von Richter und gegebenenfalls einschlägiger Bibeltexte (Gen 3 u. a.) mit dem christlichen Sündenverständnis.
2. Erklären Sie die Kapitelüberschrift anhand des Textes von Bonhoeffer.
3. Bonhoeffer differenziert zwischen Fall und Abfall. Erläutern Sie diesen Unterschied.

Die Sieben Todsünden: Heute noch relevant?

Die Idee der Todsünden ist im mönchischen Leben des fünften nachchristlichen Jahrhunderts entstanden. Über Hunderte von Jahren wurde ein Sündenkatalog entwickelt, erprobt und verfeinert und schließlich von ursprünglich acht auf sieben fixiert: Hochmut *(saligia)*, Habgier *(avaritia)*, Wollust *(luxuria)*, Zorn *(ira)*, Völlerei *(gula)*, Neid *(invidia)* und Trägheit *(acedia)*. […] Auch für Nichtgläubige bietet die Konfrontation mit den »Großen Sieben« tiefe Einsichten in die eigene Psyche: Sie sind eine erhellende, manchmal verstörende Möglichkeit der Selbsterkenntnis. Die Todsünden stellen zudem negative Archetypen menschlicher Charaktere dar. […] Weil die Todsünden offensichtlich anthropologische Konstanten erfassen, taugen sie dazu, auch das Verhalten zeitgenössischer Menschen zu reflektieren und den Gestaltwandel der moralischen und ethischen Probleme ihrer Gesellschaften zu untersuchen. Hochmut, Habgier, Wollust, Zorn, Völlerei, Neid und Trägheit sind durch Kultur und Zivilisation meist nur erstaunlich schwach überformte und mühsam gezügelte Gefühle. »Sünde« ist deshalb, aller Säkularisierung zum Trotz, auch heute ein Konzept, das jedem Menschen begreiflich bleibt, selbst wenn er es für sich ablehnt. […] Moral bleibt eine Frage der Balance zwischen den Extremen der menschlichen Potenziale, sie ist das Produkt gelungener Selbststeuerung. […] Obwohl es in modernen Gesellschaften kaum noch wirksame religiöse Dogmen und verbindliche moralische Autoritäten gibt, ist die Folge nicht automatisch, wie irrtümlich und moralisierend oft behauptet wird, ein völliges moralisches Vakuum oder ein ethisches Niemandsland. Richtig ist: Moral ist nicht mehr universell, sie ist kein Fixstern mehr, sondern etwas, was immer wieder neu gefunden werden muss. Moral im 21. Jahrhundert ist eine veränderliche Größe, eine Konvention, ein Konstrukt – sie ist eine pragmatische Verhandlungsmoral. Gerade deshalb stellt sich die Frage nach der Verantwortung des Einzelnen für seine Handlungen in unverminderter, neuer Schärfe. Das Konzept der Todsünden lädt dazu ein, unsere Fähigkeit zum Bösen anzuerkennen und Verantwortung zu übernehmen. Wir sind auch heute nicht automatisch »entschuldigt«, nur weil wir eine wissenschaftliche Erklärung für unser Verhalten haben, wir sind nicht schuldlos, wenn wir unseren Zorn ungezügelt ausleben, unserem Neid oder unserer Trägheit nachgeben, unseren Hochmut pflegen. Wir »sündigen« nicht, weil uns gesellschaftliche Verhältnisse dazu zwingen oder weil wir in einer dysfunktionalen Familie aufgewachsen sind oder weil unser Temperament uns eben so handeln lässt – wir überschreiten häufig Grenzen, die wir sehr wohl erkennen können. Wer Schuld für seine schlechten Taten nicht anerkennen will, kann auch die guten nicht für sich reklamieren. Die Todsünden legen unseren Charakter als Ganzes bloß – man kann sie nicht abspalten, rationalisieren oder trivialisieren. Die Fähigkeit zum Bösen ist ohne Zweifel auch heute in uns – und wir haben die Wahl, ob wir eine Grenze überschreiten oder nicht. Der englische Schriftsteller Gilbert Keith Chesterton (1874–1936) schrieb: »Moral besteht wie Kunst darin, irgendwo eine Linie zu ziehen.«

Heiko Ernst, Die Sieben Todsünden: Heute noch relevant?, 16.12.2014, Aus Politik und Zeitgeschichte 52/2014, www.bpb.de/apuz/197969/die-sieben-todsuenden-heute-noch-relevant?p=all (24.1.2017)

4. Erörtern Sie die heutige Relevanz der alten Vorstellung der »Todsünden«. Haben die beschriebenen Sünden etwas mit Ihnen zu tun?

M3 Ethische Konzeptionen im Konflikt?

Sek II

Bonhoeffer:
Die das ethische Denken noch weithin beherrschende Abstraktion eines isolierten einzelnen Menschen, der nach einem absoluten Maßstab eines an und für sich Guten unaufhörlich und ausschließlich zwischen diesem klar erkannten Guten und dem ebenso klar erkannten Bösen zu entscheiden hat, haben wir [...] hinter uns gelassen.
(DBW 6, 246)

Deontologische und teleologische Ethik

Von griech. *deon*, ›Pflicht‹, und *logos* ›Wort‹; ist die Bezeichnung der Ethik als Pflichtenlehre. Die Bezeichnung wurde durch den britischen Philosophen Bentham eingeführt. [...] In einer deontologischen Ethik, wie man sie z. B. bei Kant findet, geht es um eine besondere Art der Rechtfertigung und Begründung moralischer Handlungen. Als bindender Maßstab moralisch guter oder verwerflicher Handlungen gelten Regeln und Gebote, die als Verpflichtungen erfahren werden. Entscheidend ist dabei, dass der moralische Maßstab Selbstzweck ist, also unbedingte Einhaltung verlangt. Nach Auffassung einer deontologischen Ethik bemisst sich der moralische Wert einer Handlung allein aus deren Motiven. Eine Handlung wird nur dann als moralisch gut ausgezeichnet, wenn sich der Handelnde aus dem Verständnis einer normativen Verpflichtung für die Handlung entschieden hat. [...] Insofern innerhalb einer deontologischen Ethik allein das Motiv für den moralischen Wert einer Handlung entscheidend ist, sind die Folgen moralisch irrelevant. Ob jemand mit seinem Tun seinen Mitmenschen maximalen Schaden zufügt, spielt bei der moralischen Bewertung der Handlung keine Rolle. Worauf es ankommt, ist einzig und allein die Gesinnung, mit der die Tat begangen wurde. Damit ist die deontologische Ethik jeder teleologischen Ethik entgegengesetzt, die bei der Einschätzung des moralischen Wertes von Handlungen auf das Ziel *(telos)* der Handlungen Bezug nimmt. [...]

Thomas Blume, Deontologie, www.philosophie-woerterbuch.de/online-woerterbuch/?title=Deontologie&tx_gbwbphilosophie_main%5Bentry%5D=215&tx_gbwbphilosophie_main%5Baction%5D=show&tx_gbwbphilosophie_main%5Bcontroller%5D=Lexicon&cHash=34bbc0bf18783b77bb9b5304f23f89be (24.1.2017)

Teleologie meint eine Methode moralischer Begründung, die nicht, wie deontologische Ethiktypen (Pflichtethik, Ethik des kategorischen Imperativs, Kant) nach dem moralisch Notwendigen oder unbedingt Gesollten (griech. *to deon*), sondern nach dem letzten Ziel oder dem höchsten Gut des Handelns fragt, das als außermoralisches Gut um seiner selbst willen erstrebenswert wird. Die Realisierung dieses Guts als Folge der Handlung (Konsequentialismus) ist daher das einzige Kriterium der sittlichen Richtigkeit einer Handlung.

Armin Wildfeuer, Teleologie, www.philosophie-woerterbuch.de/online-woerterbuch/?tx_gbwbphilosophie_main%5Bentry%5D=884&tx_gbwbphilosophie_main%5Baction%5D=show&tx_gbwbphilosophie_main%5Bcontroller%5D=Lexicon&cHash=e3e7cc1e7e8de354bd28c263f3539752 (24.1.2017)

Erörtern Sie unter Berücksichtigung der Aussage Bonhoeffers, ob Sie seinen ethischen Ansatz der deontologischen, der teleologischen Ethik oder keinem der beiden Konzepte zurechnen würden.

M4 Konkrete Verantwortung und Schuld

Sek II

Anlässlich Bonhoeffers 100. Geburtstag im Jahr 2006 sprach Jürgen König von Deutschlandradio Kultur mit dem damaligen Berliner Bischof Wolfgang Huber auch über Bonhoeffers Entscheidung, sich dem aktiven Wi-
5 *derstand anzuschließen:*

König: Als Teil einer Verschwörergruppe ging es ja darum, Hitler zu töten. War der Tyrannenmord für Bonhoeffer irgendwann sittlich erlaubt?
Huber: Eigentlich ist die Vorstellung ja absurd, dass
10 wir darüber etwas in Bonhoeffers hinterlassenen Schriften finden könnten, denn wir müssen uns ja klar machen, er musste jeden Augenblick damit rechnen, dass er inhaftiert wird, dass seine Manuskripte gefunden und gelesen werden. Also ist das Unwahr-
15 scheinlichste, was es überhaupt geben kann, dass wir auf diese Frage aus seinen Schriften eine klare Antwort entnehmen können.

Faktum ist, das können wir. In Bonhoeffers Manuskripten zur Ethik gibt es einen Abschnitt, des-
20 sen Schlüsselwort ist »Schuldübernahme«. Ein Wort, das ich vor Bonhoeffer noch nirgendwo in der theologischen Ethik gefunden habe. Was meint er mit Schuldübernahme? Er meint, es gibt Situationen, in denen du handeln musst, und schuldig wirst, wenn
25 du auf das Handeln verzichtest, wo aber die Situation gleichzeitig so ist, dass du, indem du handelst, Schuld auf dich lädst und dann musst du die schwierigste Abwägung vornehmen, die es überhaupt geben kann, nämlich die Abwägung zwischen Schuld
30 und Schuld. Und du kannst dir nicht einbilden, dass du mit reinen Händen aus dieser Situation herauskommst, sondern du musst dir folgende Frage stellen: Nicht, wie ich mich heroisch aus der Affäre ziehe, sondern ob eine künftige Generation leben kann.
35 Darauf kommt es an. Dies war die Frage, von der her Bonhoeffer den Schritt in die Konspiration, die auf die gewaltsame Beseitigung Hitlers zielte, getan hat, nicht in einer Verharmlosung der Tötung, sondern in dem Bewusstsein, dass der Gewalt, die faktisch
40 Tag für Tag ausgeübt wurde, auf andere Weise nicht begegnet werden konnte.

Kulturinterview 3.2.2006, Huber: Bonhoeffer verband Glaube mit Verantwortung, Moderation: Jürgen König, www.deutschlandradiokultur.de/huber-bonhoeffer-verband-glaube-mit-verantwortung.945.de.html?dram:article_id=132200 (24.1.2017)

Dietrich Bonhoeffer:
Weil das Gesetz nicht mehr das Letzte ist, sondern Jesus Christus, darum muss in der Auseinandersetzung zwischen Gewissen und konkreter Verantwortung die freie Entscheidung für Christus fallen. Das bedeutet 45
nicht einen ewigen Konflikt, sondern die Gewinnung der letzten Einheit; denn der Grund, Wesen und Ziel der konkreten Verantwortung ist ja derselbe Jesus Christus, der der Herr des Gewissens ist. So wird die Verantwortung durch das Gewissen gebunden, aber das Ge- 50
wissen durch die Verantwortung frei. Es zeigt sich nun, dass es dasselbe ist, ob wir sagen: der Verantwortliche wird sündlos schuldig, oder: allein der Mann des freien Gewissens kann Verantwortung tragen. Wer in Verantwortung Schuld auf sich nimmt – und kein Verant- 55
wortlicher kann dem entgehen – der rechnet sich selbst und keinem anderen diese Schuld zu und steht für sie ein, verantwortet sie. Er tut es nicht in dem frevelnden Übermut seiner Macht, sondern in der Erkenntnis zu dieser Freiheit – genötigt und in ihr auf Gnade ange- 60
wiesen zu sein. Vor den anderen Menschen rechtfertigt den Mann der freien Verantwortung die Not, vor sich selbst spricht ihn sein Gewissen frei, aber vor Gott hofft er allein auf Gnade.
(DBW 6, 283)

In konkreter Verantwortung handeln heißt in Freiheit 65 *handeln, ohne Rückendeckung durch Menschen oder Prinzipien selbst entscheiden, handeln und für die Folgen des Handelns einstehen.*
(DBW 6, 220)

Es ist zwar nicht wahr, dass der Erfolg auch die böse Tat und die verwerflichen Mittel rechtfertigt, aber ebenso we- 70 *nig ist es möglich, den Erfolg als etwas ethisch völlig Neutrales zu betrachten. […] Solange das Gute Erfolg hat,*

können wir uns den Luxus leisten, den Erfolg für ethisch irrelevant zu halten. Wenn aber einmal böse Mittel zum Erfolg führen, dann entsteht das Problem. Angesichts solcher Lage erfahren wir, dass weder theoretisch zuschauendes Kritisieren und Rechthabenwollen, also die Weigerung, sich auf den Boden der Tatsachen zu stellen, noch Opportunismus, also die Selbstpreisgabe und Kapitulation angesichts des Erfolges, unserer Aufgabe gerecht werden. [...] Wer sich durch nichts, was geschieht, die Mitverantwortung für den Gang der Geschichte abnehmen lässt, weil er sie sich von Gott auferlegt weiß, der wird jenseits von unfruchtbarer Kritik und von ebenso unfruchtbarem Opportunismus ein fruchtbares Verhältnis zu den geschichtlichen Ereignissen finden. Die Rede vom heroischen Untergang angesichts einer unausweichlichen Niederlage ist im Grunde sehr unheroisch, weil sie nämlich den Blick in die Zukunft nicht wagt. Die letzte verantwortliche Frage ist nicht, wie ich mich heroisch aus der Affäre ziehe, sondern wie eine kommende Generation weiterleben soll. Nur aus dieser geschichtlich verantwortlichen Frage können fruchtbare – wenn auch vorübergehend sehr demütigende – Lösungen entstehen. Kurz, es ist sehr viel leichter, eine Sache prinzipiell als in konkreter Verantwortung durchzuhalten.
(DBW 8, 24f.)

1. Wie definiert Bonhoeffer das Verhältnis von Verantwortung und Schuld?
2. Beziehen Sie seinen Ansatz auf eine Situation unsere Zeit.

M5 Vergebung   Sek I/II

© Colourbox

Freie Verantwortung beruht auf einem Gott, der das freie Glaubenswagnis verantwortlicher Tat fordert und der dem, der darüber zum Sünder wird, Vergebung und Trost zuspricht.
(DBW 8, 24)

Ich glaube, dass auch unsere Fehler und Irrtümer nicht vergeblich sind und dass es Gott nicht schwerer ist, mit ihnen fertig zu werden, als mit unseren vermeintlichen Guttaten.
(DBW 8, 31)

1. In welchem Zusammenhang stehen Schuld und Vergebung für Bonhoeffer?
2. Diskutiert in Kleingruppen das Bild und besprecht, wann ihr vergeben habt bzw. euch vergeben wurde.

Kapitel 4: Was heißt es, die Wahrheit zu sagen?

Allgemeine Einführung

Das Thema »Wahrheit und Lüge« ist eine zentrale ethische Fragestellung.

Dietrich Bonhoeffers Äußerungen zu seinem Verständnis von »Wahrheit und Lüge« sind vor dem Hintergrund seines ethischen Ansatzes einer Verantwortungsethik zu verstehen und dienen umgekehrt aufgrund der lebensweltlichen Bezugspunkte gut zur Verdeutlichung seines ethischen Ansatzes.

Bonhoeffer stellt einem formalistischen Wahrheitsverständnis einen durch die jeweilige Situation begründeten Wahrheitsbegriff gegenüber. So sind Wahrheit und Lüge im jeweiligen Kontext zu bewerten. Im Zweifelsfall muss eine ethische Entscheidung getroffen werden, die bedeutet, schuldig zu werden. So kann es auch notwendig sein, zugunsten einer höheren Wahrheit zu lügen.

Didaktisch-methodischer Kommentar

»Wahrheit und Lüge« – das ist ein Thema, das auch in der Lebenswelt von Schülerinnen und Schülern angesiedelt ist. Von klein auf werden sie mit der Thematik konfrontiert. Sie lernen, dass es richtig ist, die Wahrheit zu sagen und nicht zu lügen. Sie erfahren aber auch, dass es Situationen gibt, in denen es schwierig ist, bei der Wahrheit zu bleiben, sei es um sich selbst zu schützen oder um andere nicht zu verletzen.

Muss man denn immer die Wahrheit sagen? Ist Lügen grundsätzlich zu unterlassen? Oder sind Notlügen, zu denen vermutlich jeder einmal greift, zulässig? Was sind Notlügen? Sind das nur Lügen, die in einer echten Notsituation, wo es beispielsweise um Leben oder Tod geht, wie gelegentlich die Notlüge definiert wird? Oder sind Notlügen auch Lügen, die dazu dienen, andere nicht zu verletzen? Wodurch wird vorgegeben, was die Wahrheit ist? An welchen Maßstäben wird das gemessen?

M 1 Viele Sprichwörter befassen sich mit der Lüge. Durch die Verschiedenheit der Aussagen wird deutlich, dass es schwierig wird, eine Definition von »Lüge« zu finden. Ein Großteil der Sprichwörter befasst sich mit den Konsequenzen des Lügens.

M 2 An den Beispielen, die z. T. aus der Lebenswelt der Schüler und Schülerinnen stammen, kann erkannt werden, dass es unterschiedliche Motivationen gibt, aus denen heraus gelogen wird.

M 3 Was ist eine Notlüge? Ist das nur eine Lüge, die geschieht, um das eigene Leben oder das Leben eines anderen zu retten? Oder kann damit auch eine Lüge gemeint sein, die verhindert, dass jemand seelisch verletzt wird?

M 4 Es finden sich weitaus mehr Definitionen und Beispiele zur Lüge als zur Wahrheit, die häufig nur als Gegensatz zur Lüge aufgefasst wird.

M 5 Bonhoeffer öffnet den Wahrheitsbegriff, indem er die konkrete Situation in die Bewertung einbezieht. Für ihn sind der Schutz einer Familie und die damit verbundene Loyalität eine höhere Wahrheit als das bloße Sagen der Wahrheit.

M 6 In der Bibel findet sich keine eindeutige Aussage zur Bewertung der Lüge. Es gibt etliche Texte, in denen es um Lügen geht und dieses Lügen wird jeweils unterschiedlich gewertet. Eine pauschale Verurteilung des Lügens findet sich an keiner Stelle.

M 7 Kant wurde häufig vorgeworfen, seine Ethik sei rigoros und lebensfern. Das Beispiel mit dem vom Mörder Verfolgten zeigt diese Problematik gut auf.

M 8 Bonhoeffer weist in seiner Auseinandersetzung mit Kants Ethik auf die Notwendigkeit hin, Nächstenliebe zu üben. Diese kann es erfordern, Schuld auf sich zu nehmen, also z. B. zu lügen.

M 1 Lügen haben kurze Beine

Sek I

© karosieben/pixabay

*Wer lügen will,
muss ein gut Gedächtnis haben.*

Eine Notlüge schadet nicht.

Lügen haben kurze Beine.

Wer lügt, der stiehlt.

*Wer einmal lügt, dem glaubt man nicht,
und wenn er auch die Wahrheit spricht.*

Jemandem die Hucke voll lügen.

Sich in die eigene Tasche lügen.

1. Viele Sprichwörter befassen sich mit der Lüge. Recherchiert in Gruppen weitere Sprichwörter/Zitate zum Thema »Lüge« und erstellt eine Mindmap.
2. Formuliere einige Gründe, warum Menschen lügen. Gehe den gestrigen Tag (die letzte Woche) in Gedanken durch und notiere in einer Tabelle, wann und in welchen Situationen du gelogen hast bzw. die Wahrheit verschwiegen hast und benenne jeweils den Grund.
(Beispiel: Du bist zu spät in die Schule gekommen und hast gesagt, die Bahn habe Verspätung gehabt, obwohl du in Wahrheit nur zu spät aufgestanden bist.)

M2 Gibt es gute Gründe für eine Lüge?

Sek I

1. Lies dir die folgenden Beispiele durch. Kreuze die Beispiele an, in denen du die Lüge gerechtfertigt findest. Tausche dich dann mit deinem Tischnachbarn/deiner Tischnachbarin darüber aus.

☐ 1. Mias beste Freundin war beim Friseur und ihre neue Frisur ist wirklich unvorteilhaft. Sie ist aber sehr zufrieden und fragt Mia, wie sie ihren neuen Look finde. Mia möchte sie nicht verletzen und sagt, sie gefalle ihr so sehr gut.

☐ 2. In Sveas Englischarbeit hat sich ihre Lehrerin verrechnet und ihr 5 Punkte zu viel gegeben und damit eine 1- statt einer 2. Svea freut sich über ihren Fehler und sagt es ihr nicht.

☐ 3. Max mag seinen Mitschüler Paul überhaupt nicht, weil der immer so angibt. Max erfährt zufällig, dass Pauls Vater im Gefängnis ist. Auch wenn er Paul gerne eins auswischen würde, verschweigt er sein Wissen.

☐ 4. Svens Großmutter ist sehr krank und es gibt nach Aussagen der Ärzte kaum Chancen auf Heilung. Als er sie besucht, fragt sie ihn, ob er glaube, dass sie wieder gesund werde. Er verschweigt ihr, was er von den Ärzten gehört hat und macht ihr Mut.

☐ 5. Sophia hat verschlafen und kommt viel zu spät in die Schule. Als der Lehrer sie darauf anspricht, sagt sie, ihre Straßenbahn habe Verspätung gehabt.

☐ 6. Anton ist abends mit seinem kleinen Bruder alleine zu Hause. Als das Telefon klingelt und ein ihm unbekannter Mann fragt, ob er seinen Vater sprechen könne, sagt Anton, sein Vater sei gerade kurz im Keller und werde ihn zurückrufen.

☐ 7. Emily hat sich auf eine Stelle beworben. Sie ist schwanger, möchte das aber noch niemandem sagen. Als der Arbeitgeber sie fragt, ob sie schwanger sei oder es in absehbarer Zeit werden wolle, verneint sie das.

☐ 8. Emils Lehrer hat ihm einen Brief für seine Eltern mitgegeben. Emil ahnt, dass er nicht gerade positive Mitteilungen über sein Verhalten im Unterricht enthält und gibt ihn nicht ab. Sein Lehrer fragt ihn, ob er den Brief abgegeben habe, was er bejaht.

☐ 9. Jespers bester Freund hat vor seinen Augen einen Klassenbucheintrag des Musiklehrers aus dem Klassenbuch gerissen, um sein Fehlverhalten vor seiner Klassenlehrerin zu verheimlichen. Jesper ist Klassensprecher und die Lehrerin fragt ihn, ob er wisse, wer das getan habe. Jesper verneint das.

☐ 10. Franziska kann einfach nicht die Wahrheit sagen. Sie lügt immer, weil sie nicht anders kann.

☐ 11. Simon ist wütend. Seine Eltern haben ihm jahrelang erzählt, dass es den Weihnachtsmann und den Osterhasen gibt. Nun haben ihm seine Klassenkameraden erzählt, dass das gelogen sei.

2. Es kann aus ganz unterschiedlichen Gründen gelogen werden, z. B. aus Höflichkeit, aus Scham, aus Angst, aus Not, um sich selbst oder jemanden zu schützen, aus Spaß oder weil man einen krankhaften Zwang hat, zu lügen. Vielleicht fallen dir noch weitere Gründe ein. Versucht in Gruppen den jeweiligen Grund für die Lüge in den obengenannten Beispielen zu benennen.

M 3 Notlügen?

Sek I

1. Gibt es Situationen, in denen es deiner Meinung nach gerechtfertigt ist zu lügen? Formuliere ein oder zwei Beispiele.
2. Diskutiert in Gruppen, ob es Grenzen zwischen erlaubten und verbotenen Lügen gibt und wo die Grenze liegt.
3. Tragt unten in die Skala die Nummern der Fallbeispiele (M 2) ein.
4. Besprecht mit euren Nachbarn oder Nachbarinnen die Karikatur. Um welche Art Lüge handelt es sich dort? Finden sich Parallelen zu den Beispielen, die ihr besprochen habt?
5. Welche der oben genannten Beispiele sind wirklich Notlügen?
6. Ihr habt verschiedene Aspekte des Lügens besprochen. Erarbeitet in Gruppen auf der Grundlage eurer Ergebnisse eine Definition zum Thema »Lüge«, die möglichst viele Facetten des Begriffs umfasst.

←──→
»Erlaubte Lügen«   »Verbotene Lügen«

M4 Was ist Wahrheit?

Sek I

Laut Duden ist Wahrheit:
1. a) das Wahrsein; die Übereinstimmung einer Aussage mit der Sache, über die sie gemacht wird; Richtigkeit
   b) wirklicher, wahrer Sachverhalt, Tatbestand
2. (besonders Philosophie) Erkenntnis (als Spiegelbild der Wirklichkeit), Lehre des Wahren

Duden online, www.duden.de/rechtschreibung/Wahrheit (24.1.2017)

M5 Wahrheit oder Lüge?

Dietrich Bonhoeffer erklärte anhand eines konkreten Beispiels, was für ihn Wahrheit ist:

Ein Kind wird von seinem Lehrer vor der Klasse gefragt, ob es wahr sei, dass sein Vater oft betrunken nach Hause komme? Es ist wahr, aber das Kind verneint es. Es ist durch die Frage des Lehrers in eine Situation gebracht, der es noch nicht gewachsen ist. Es empfindet nur, dass hier ein unberechtigter Einbruch in die Ordnung der Familie erfolgt, den es abwehren muss. Was in der Familie vorgeht, gehört nicht vor die Ohren der Schulklasse. Die Familie hat ihr eigenes Geheimnis, das sie zu wahren hat. Der Lehrer hat die Wirklichkeit dieser Ordnung missachtet. Das Kind müsste nun in seiner Antwort einen Weg finden, auf dem die Ordnung der Familie und der Schule in gleicher Weise gewahrt bliebe. Es kann das noch nicht, es fehlt ihm die Erfahrung, die Erkenntnis und die Fähigkeit des rechten Ausdrucks. Indem es die Frage des Lehrers einfach verneint, wird die Antwort zwar unwahr, aber sie gibt doch zugleich der Wahrheit Ausdruck, dass die Familie eine Ordnung sui generis [= eigener Art] ist, in die der Lehrer nicht berechtigt war, einzudringen. Man kann nun zwar die Antwort des Kindes eine Lüge nennen; trotzdem enthält diese Lüge mehr Wahrheit, d. h. sie ist der Wirklichkeit gemäßer, als wenn das Kind die Schwäche seines Vaters vor der Schulklasse preisgegeben hätte. Dem Maße seiner Erkenntnis nach hat das Kind richtig gehandelt. Die Schuld als Lüge fällt allein auf den Lehrer zurück.

(DBW 16, 625)

1. Was ist »Wahrheit?« Suche weitere Definitionen heraus und formuliere deine eigene Definition.
2. Was bedeutet für Bonhoeffer in diesem konkreten Beispiel Wahrheit bzw. Lüge?
3. Vergleiche die Geschichte Bonhoeffers mit den oben aufgeführten Beispielen (M 2, M 3). Gibt es ein oder mehrere Beispiele, die zu dieser Geschichte passen?
4. Interpretiere das untenstehende Zitat aus Bonhoeffers »Ethik«.

In seinem Werk »Ethik« äußert sich Bonhoeffer zum Thema »Wahrheit und Lüge« wie folgt:

Schlimmer ist es, wenn ein Lügner die Wahrheit sagt als wenn ein Liebhaber der Wahrheit lügt, schlimmer wenn ein Menschenhasser Bruderliebe übt als wenn ein Liebhaber der Menschen einmal vom Hass überwältigt wird. Besser als die Wahrheit im Munde des Lügners ist noch die Lüge, besser als die Tat der Bruderliebe des Menschenfeindes ist der Hass.

(DBW 6, 62 f.)

M 6 Wahrheit und Lüge in der Bibel *Sek II*

Martin Rösel, Professor für Hebräisch, Altes Testament und altorientalische Religionsgeschichte an der Universität Rostock, hat die Bibel nach Lügengeschichten durchforstet und festgestellt:
»Eine direkte Handlungsanweisung zur Lüge gibt es so im Alten Testament nicht, aber es gibt natürlich Beispielgeschichten, also wenn zum Beispiel König David – oder der spätere König David – verfolgt wird von König Saul, und der Sohn von König Saul hilft nun David, indem er lügt, seinen Vater belügt, damit David sich retten kann, dann wird über diese Geschichte ein Beispiel erzählt, dass eine Freundschaft so weit gehen kann, für den anderen zu lügen, um ihn zu retten.« [...]

Rösel: »Im Alten Testament gibt es keine strikte Ethik, die eben sagt, du musst genau dies tun und genau jenes lassen, sondern man muss das tun, was der Gemeinschaft dient, man hat also einen Platz in der Gesellschaft, den muss man ausfüllen, und wenn man diesen Platz ausfüllt, wenn man gut tut, dann wird man auch Gutes erlangen.« [...]

Das Matthäus-Evangelium erzählt die Leidensgeschichte Jesu. Am Rande des Geschehens findet ein menschlich und moralisch gewichtiges Ereignis statt. Simon Petrus steckt in der Klemme. Oder besser: In höchster Gefahr. Jahrelang hat er Jesus, seinen Lehrer und Freund begleitet und ihm gerade noch die ewige Treue zugesagt; jetzt bekommt er Angst.

Er leugnete aber vor ihnen allen und sprach: Ich weiß nicht, was du sagst. Als er aber zur Tür hinausging, sah ihn eine andere und sprach zu denen, die da waren: Dieser war auch mit dem Jesus von Nazareth. Und er leugnete abermals und schwor dazu: Ich kenne den Menschen nicht. Und über eine kleine Weile traten die hinzu, die da standen, und sprachen zu Petrus: Wahrlich, du bist auch einer von denen, denn deine Sprache verrät dich.

Jetzt, wo es hart auf hart kommt, wo der Freund in Not ist, schreit Petrus die größte Lüge seines Lebens heraus:

Da hob er an, sich zu verfluchen und zu schwören: Ich kenne diesen Menschen nicht! Und alsbald krähte der Hahn.

Petrus stellt sich dumm, er flucht, er lügt. Und als der Hahn kräht, fällt es ihm wieder ein: Er wollte treuer sein als alle anderen. Er wollte herausragen aus der Reihe der Apostel und Vorbild an Stärke sein.

Da dachte Petrus an die Worte Jesu, da er zu ihm sagte: Ehe der Hahn krähen wird, wirst du mich dreimal verleugnen. Und ging hinaus und weinte bitterlich. (Aus dem Matthäus-Evangelium)

Rösel: »Petrus hat sich da in eine Dilemma-Situation hinein manövriert. Er ist der Einzige, der mitgegangen ist, das ist der positive Aspekt der Geschichte, der häufig nicht mit erzählt wird: Er ist mit Jesus mitgegangen, wollte sehen, was mit Jesus geschieht, vielleicht ob er helfen kann – also das, was man Nachfolge nennt. Und er hat sich dadurch in eine Situation hineingebracht, in der er einerseits für Jesus nichts tun konnte, andererseits sich selber in Gefahr gebracht hat, und das wäre die klassische Dilemma-Situation, bei der es die breite Tradition gibt, dass man sagt: Ja, in solchen Situationen darf man durchaus lügen.«

Petrus allerdings lügt nicht nur, er verleugnet das, was ihm heilig ist.

Rösel: »Wenn Petrus Jesus verleugnet in dieser bewussten Situation – dreimal sagt er ›Ich kenne ihn nicht‹, dann ist das nicht mehr zu rechtfertigen, und es wird auch kein Versuch unternommen, das zu rechtfertigen, aber Petrus erkennt es eben selber. Das heißt, was da in dieser Geschichte mit transportiert wird, ist eben die Reue, die nötig ist, wenn man einen solchen Fehler begangen hat, und dann auch die Vergebung.« [...]

Religionen 27.3.2016, Warum die Wahrheit nicht immer der Königsweg ist, Ein Feature von Maria Riederer, www.deutschlandradiokultur.de/luegen-und-luegen-lassen-warum-die-wahrheit-nicht-immer-der.1278.de.html?dram:article_id=349511 (24.1.2017)

Gibt es laut Rösel in der Bibel eindeutige Aussagen darüber, wie Lügen zu bewerten sind?

M7 Kant: Über ein vermeint(lich)es Recht, aus Menschenliebe zu lügen

Sek II

Immanuel Kant (1724–1804) war ein deutscher Philosoph. Das Kernstück von seiner Ethik bildet der »Kategorische Imperativ«, die Forderung an jeden Menschen, immer so zu handeln, dass die Maximen
5 (Richtlinien) des Handelns zu einem allgemeinen Gesetz erhoben werden könnten. Seine daraus resultierende rigorose Haltung in der Wahrheitsfrage löste kontroverse Debatten aus.

I. Kant, Über ein vermeint(lich)es Recht, aus Menschenliebe zu lügen:

Nun ist die erste Frage: ob der Mensch, in Fällen, wo
10 er einer Beantwortung mit Ja oder Nein nicht ausweichen kann, die Befugnis (das Recht) habe, unwahrhaft zu sein. Die zweite Frage ist: ob er nicht gar verbunden sei, in einer gewissen Aussage, wozu ihn ein ungerechter Zwang nötigt, unwahrhaft zu sein, um eine
15 ihn bedrohende Missetat an sich oder einem anderen zu verhüten. Wahrhaftigkeit in Aussagen, die man nicht umgehen kann, ist formale Pflicht des Menschen gegen jeden, es mag ihm oder einem andern daraus auch noch so ein großer Nachteil erwachsen; und ob
20 ich zwar dem, welcher mich ungerechter Weise zur Aussage nötigt, nicht Unrecht tue, wenn ich sie verfälsche, so tue ich doch durch eine solche Verfälschung, die darum auch (obzwar nicht im Sinn des Juristen) Lüge genannt werden kann, im wesentlichsten Stü-
25 cke der Pflicht überhaupt Unrecht: d. i. ich mache, so viel an mir ist, dass Aussagen (Deklarationen) überhaupt keinen Glauben finden, mithin auch alle Rechte, die auf Verträgen gegründet werden, wegfallen und ihre Kraft einbüßen; welches ein Unrecht ist, das der
30 Menschheit überhaupt zugefügt wird.

Die Lüge also, bloß als vorsätzlich unwahre Deklaration gegen einen andern Menschen definiert, bedarf nicht des Zusatzes, dass sie einem anderen schaden müsse; wie die Juristen es zu ihrer Definition verlangen
35 (mendacium est falsiloquium in praeiudicium alterius). Denn sie schadet jederzeit einem anderen, wenn gleich nicht einem andern Menschen, doch der Menschheit überhaupt, indem sie die Rechtsquelle unbrauchbar macht. Diese gutmütige Lüge kann aber auch durch
40 einen Zufall (casus) strafbar werden, nach bürgerlichen Gesetzen; was aber bloß durch den Zufall der Straffälligkeit entgeht, kann auch nach äußeren Gesetzen als Unrecht abgeurteilt werden. Hast du nämlich einen eben itzt mit Mordsucht Umgehenden durch eine Lüge
45 an der Tat verhindert, so bist du für alle Folgen, die daraus entspringen möchten, auf rechtliche Art verantwortlich. Bist du aber strenge bei der Wahrheit geblieben, so kann dir die öffentliche Gerechtigkeit nichts anhaben; die unvorhergesehene Folge mag sein welche
50 sie wolle. Es ist doch möglich, dass, nachdem du dem Mörder, auf die Frage, ob der von ihm Angefeindete zu Hause sei, ehrlicherweise mit Ja geantwortet hast, dieser doch unbemerkt ausgegangen ist, und so dem Mörder nicht in den Wurf gekommen, die Tat also nicht
55 geschehen wäre; hast du aber gelogen, und gesagt, er sei nicht zu Hause, und er ist auch wirklich (obzwar dir unbewusst) ausgegangen, wo denn der Mörder ihm im Weggehen begegnete und seine Tat an ihm verübte: so kannst du mit Recht als Urheber des Todes desselben
60 angeklagt werden. Denn hättest du die Wahrheit, so gut du sie wusstest, gesagt: so wäre vielleicht der Mörder über dem Nachsuchen seines Feindes im Hause von herbeigelaufenen Nachbarn ergriffen, und die Tat verhindert worden. Wer also lügt, so gutmütig er dabei
65 auch gesinnt sein mag, muss die Folgen davon, selbst vor dem bürgerlichen Gerichtshofe, verantworten und dafür büßen: so unvorhergesehen sie auch immer sein mögen; weil Wahrhaftigkeit eine Pflicht ist, die als die Basis aller auf Vertrag zu gründenden Pflichten an-
70 gesehen werden muss, deren Gesetz, wenn man ihr auch nur die geringste Ausnahme einräumt, schwankend und unnütz gemacht wird. Es ist also ein heiliges, unbedingt gebietendes, durch keine Konvenienzen einzuschränkendes Vernunftgebot; in allen Erklärun-
75 gen wahrhaft (ehrlich) zu sein. [...] Jeder Mensch aber hat nicht allein das Recht, sondern sogar die strengste Pflicht zur Wahrhaftigkeit in Aussagen, die er nicht umgehen kann: sie mag nun ihm selbst oder andern schaden. Er selbst tut also hiermit dem, der dadurch
80 leidet, eigentlich nicht Schaden, sondern diesen verursacht der Zufall. Denn jener ist hierin gar nicht frei, um zu wählen; weil die Wahrhaftigkeit (wenn er einmal sprechen muss) unbedingt Pflicht ist. [...]

Immanuel Kant, Werke Bd. 7. Schriften zur Ethik und Religionsphilosophie, 2. Teil; Darmstadt 1983, 637–643

M 8 — In Verantwortung die Schuld der Lüge auf sich nehmen

Sek II

In seiner Ethik kritisiert Bonhoeffers Kants Ansatz:
Wenn Kant aus dem Prinzip der Wahrhaftigkeit heraus zu der grotesken Forderung kommt, ich müsse auch dem in mein Haus eingedrungenen Mörder seine Frage, ob mein Freund, den er verfolgt, sich in mein Haus geflüchtet habe, ehrlicherweise bejahen, so tritt hier die zum frevelhaften Übermut gesteigerte Selbstgerechtigkeit des Gewissens dem verantwortlichen Handeln in den Weg. Wenn Verantwortung die ganze, der Wirklichkeit angemessene Antwort des Menschen auf den Anspruch Gottes und des Nächsten ist, so ist hier der Teilcharakter der Antwort eines an Prinzipien gebundenen Gewissens grell beleuchtet. Die Weigerung, um meines Freundes willen kräftig zu lügen, – denn jeder Versuch, den Tatbestand der Lüge wegzudeuten entspringt wiederum nur dem gesetzlich-selbstgerechten Gewissen – die Weigerung also Schuld zu tragen aus Nächstenliebe, setzt mich in Widerspruch zu meiner in der Wirklichkeit begründeten Verantwortung. Es wird sich auch hier gerade im verantwortlichen Aufsichnehmen von Schuld die Unschuld eines allein an Christus gebundenen Gewissens am besten erweisen.
(DBW 6, 280 f.)

Auch in weiteren Werken Bonhoeffers finden sich Aussagen zur Verhältnisbestimmung von Wahrheit und Lüge:
Die Wahrheit wird euch freimachen (Johannes 8, 32). Nicht unsere Tat, unser Mut, unsere Kraft, unser Volk, unsere Wahrheit, sondern Gottes Wahrheit allein aber lässt mich den Anderen sehen. Sie richtet meinen in mich verbogenen Blick über sich hinaus und zeigt ihm den anderen Menschen. Und indem sie das tut, tut sie an mir die Tat der Liebe, der Gnade Gottes. Sie vernichtet unsere Lüge und schafft die Wahrheit. Sie vernichtet den Hass und schafft die Liebe. Gottes Wahrheit ist Gottes Liebe und Gottes Liebe macht uns frei von uns selbst für den andern. Frei sein heißt nichts anderes, als in der Liebe sein. Und in der Liebe sein heißt nichts anderes, als in der Wahrheit Gottes sein. Der Mensch, der liebt, weil er durch die Wahrheit Gottes frei gemacht ist, ist der revolutionärste Mensch auf Erden. Er ist der Umsturz aller Werte, er ist der Sprengstoff der menschlichen Gesellschaft, er ist der gefährlichste Mensch. Denn er hat erkannt, dass die Menschen im Tiefsten verlogen sind. Und er ist jederzeit bereit, das Licht der Wahrheit auf sie fallen zu lassen – und dies eben um der Liebe willen.
(DBW 11, 461 f.)

Sehr ausführlich hat sich Bonhoeffer in der Haftzeit mit dieser Frage auseinandergesetzt. Dort entstand die fragmentarische Untersuchung »Was heißt: die Wahrheit zu sagen?«
»Die fragmentarische Untersuchung »Was heißt: die Wahrheit zu sagen?« entstand in diesen Monaten (meine Anmerkung: Zeit der Verhöre durch Roeder), und die Zettel offenbaren etwas von dem wahren Hintergrund jener Studie. Ihr verwirrender Inhalt führt uns die Konsequenzen des konspirativen Kämpfens am unerbittlichsten vor Augen. Dass Bonhoeffer in jenen Wochen den Aufsatz schrieb, zeigt, wie er sich Rechenschaft über seine Verstrickung gab, sich nichts vormachen und nichts verdrängen wollte.«

Eberhard Bethge, Dietrich Bonhoeffer. Eine Biographie, 8. Auflage; Gütersloh 2004; 914
(Vgl. Was heißt, die Wahrheit zu sagen? DBW 15, 619–629)

---

1. Wie benennen Kant (M 7) und Bonhoeffer jeweils das Verhältnis von Wahrheit und Lüge?
2. Erklären Sie vor dem Hintergrund von Bonhoeffers Biografie sein Verständnis von Wahrheit und Lüge.

Kapitel 5: Dem Rad in die Speichen fallen

Allgemeine Einführung

Bonhoeffers Vortrag »Die Kirche vor der Judenfrage« zeigt, dass er sich bereits sehr früh konsequent und mutig zu dieser Thematik geäußert hat. Den Schluss seines Vortrags hielt er vor fast leerem Saal. Das Bild »dem Rad in die Speichen fallen« verdeutlicht, welche Erwartungen Bonhoeffer an die Kirche seiner Zeit stellte. Vor allem die »Judenfrage« führte zu einem Bruch zwischen Deutschen Christen und der kirchlichen Opposition.

Didaktisch-methodischer Kommentar

Anhand von altersgerechten Beispielen soll den Schülerinnen und Schülern zunächst deutlich gemacht werden, dass die jüdische Bevölkerung vom Staat und auch von Teilen der christlichen Kirchen zunehmend diskriminiert wurde. So kann die Notwendigkeit, zu handeln, besser nachvollzogen werden. Zu verstehen, dass auch Bonhoeffer nicht durchgehend konsequent in dieser Frage gehandelt hat, verhilft dazu, dass Bonhoeffer nicht als unerreichbarer Held, sondern als ein Mensch mit Widersprüchen wie andere Menschen auch gesehen werden kann. Wenngleich sich die christlichen Kirchen hierzulande nicht mit einer Diktatur auseinanderzusetzen haben, sind sie gehalten, Stellung zu beziehen und zu handeln.

M 1 Bewusst wurde ein Auszug aus Anne Franks Tagebuch gewählt, um die Schülerinnen und Schüler aus der Sicht einer Gleichaltrigen mit einigen der »Judengesetze«, die zur Zeit Hitlers erlassen wurden und für zunehmende Einschränkung der Freiheiten und Verschlechterung der Lebensbedingungen sorgten, zu konfrontieren.

M 2 Die Einführung des »Arierparagraphen« in der Kirche führte zur Bildung einer innerkirchlichen Oppositionsbewegung (Pfarrernotbund, später Bekennende Kirche). Bonhoeffer bezog entschieden Stellung gegen das Gesetz, das im Widerspruch zum Bekenntnis stehe und eine Irrlehre verkörpere. Als letzte Konsequenz fordert er einen Austritt aus so einer Kirche.

M 3/M 4 Wenngleich Bonhoeffer wie kaum ein anderer energisch, weitblickend und vor allem frühzeitig zur »Judenfrage« Stellung bezogen hat, hat er sich nicht durchgehend mutig verhalten und auch in seinen Schriften finden sich Passagen, die von überkommenen antijüdischen Tendenzen geprägt sind. Das von ihm formulierte Schuldbekenntnis findet allerdings in einzigartiger Weise klare Worte für die Schuld der Kirche gegenüber den Juden.

M 5 Bonhoeffer vertrat eine auf Luther basierende traditionelle Zwei-Reiche- bzw. Zwei-Regimente-Lehre, ging aber in seinen drei Aussagen zu den möglichen Handlungsmöglichkeiten der Kirche gegenüber dem Staat über diese Lehre hinaus. Das Bild »dem Rad in die Speichen fallen« wurde, wie Krötke bemerkt, häufig missverständlicherweise mit Bonhoeffers Weg in den Widerstand gleichgesetzt, bezieht sich aber auf das Handeln der Kirche. Bei hinreichend Zeit und je nach thematischer Schwerpunktsetzung können Bonhoeffers und Luthers Ansatz eingehender verglichen oder auch der Krötke-Vortrag als Ganzes gelesen werden.

M 6 Bonhoeffers anschauliches Beispiel mit dem betrunkenen Autofahrer ist auch von Schülerinnen und Schülern der Sek I zu verstehen. Die Zeitungsnotizen zeigen zwei Beispiele von Autofahrern, die aus unterschiedlichen Gründen nicht im Vollbesitz ihrer Sinne waren, was in dem jüngsten Fall entsetzliche Konsequenzen hatte. Es kann diskutiert werden, welche »Autofahrer« heute gestoppt werden müssen, um Schlimmeres zu verhindern.

M 7 Bedford-Strohm reflektiert die Bedeutung von Bonhoeffers Forderungen für die Kirche in unserer Zeit. Kirche heute müsse im Sinne Bonhoeffers entschieden Stellung beziehen und sich auch schwierigen ethischen Entscheidungen stellen und gegebenenfalls bereit sein, Schuld auf sich zu nehmen.

M 1 Judengesetze

Sek I/II

Anne Frank schrieb in ihr Tagebuch:
»Judengesetz folgte auf Judengesetz, und unsere Freiheit wurde sehr beschränkt. Juden müssen einen Judenstern tragen; Juden müssen ihre Fahrräder abgeben; Juden dürfen nicht mit der Straßenbahn fahren; Juden dürfen nicht mit einem Auto fahren, auch nicht mit einem privaten; Juden dürfen nur von 3–5 Uhr einkaufen; Juden dürfen nur zu einem jüdischen Friseur; Juden dürfen zwischen 8 Uhr abends und 6 Uhr morgens nicht auf die Straße; Juden dürfen sich nicht in Theatern, Kinos und an anderen dem Vergnügen dienenden Plätzen aufhalten; Juden dürfen nicht ins Schwimmbad, ebenso wenig auf Tennis-, Hockey- oder andere Sportplätze; Juden dürfen nicht rudern; Juden dürfen in der Öffentlichkeit keinerlei Sport treiben; Juden dürfen nach acht Uhr abends weder in ihrem eigenen Garten noch bei Bekannten sitzen; Juden dürfen nicht zu Christen ins Haus kommen; Juden müssen auf jüdische Schulen gehen und dergleichen mehr.«

www.annefrank.org/de/Anne-Frank/Das-nationalsozialistische-Deutschland-besetzt-die-Niederlande/Antijudische-MaBnahmen/(24.1.2017)

1. Informiere dich über die Judengesetze zur Zeit des Nationalsozialismus.
2. Diskutiert in Kleingruppen, welche Einschränkungen euch persönlich am meisten treffen würden.

M 2 Fortschreitende Diskriminierung

Sek II

Der »Arierparagraph«

Zwei Monate nach der nationalsozialistischen Machtübernahme verabschiedete die Reichsregierung am 7. April 1933 das »Gesetz zur Wiederherstellung des Berufsbeamtentums«. Das Gesetz diente als Handhabe zur Gleichschaltung des öffentlichen Dienstes und der Entlassung von Gegnern des NS-Regimes. Davon betroffen waren auch alle Beamten und Angestellten jüdischen Glaubens. Der in diesem Gesetz erstmals ausformulierte »Arierparagraph« (Paragraph 3) verbot die Beschäftigung von »Nichtariern« im öffentlichen Dienst, die in den sofortigen Ruhestand zu versetzen waren.

Arnulf Scriba, Deutsches Historisches Museum, Berlin, 23.6.2015, www.dhm.de/lemo/kapitel/ns-regime/ausgrenzung/arierparagraph/ (24.1.2017)

Als die von Deutschen Christen geleitete Altpreußische Synode am 6. und 7. September 1933 den für Beamte geltenden »Arierparagraph« auch für Kirchenämter einführte, rief der Dahlemer Pfarrer Martin Niemöller den Pfarrernotbund ins Leben, aus dem wenig später die Bekennende Kirche hervorging. Ihre Gehorsamsaufkündigung gegenüber der Reichskirche verhinderte maßgeblich die Gleichschaltung der evangelischen Kirche. Forderungen von Deutschen Christen nach Übernahme des »Arierparagraphen« für die Reichskirche und nach Verwerfung des als jüdisch angesehenen Alten Testaments führten im November 1933 zu Massenaustritten und zur Spaltung der Deutschen Christen.

Claudia Prinz, Deutsches Historisches Museum, Berlin, 15.7.2015, www.dhm.de/lemo/kapitel/ns-regime/innenpolitik/deutsche-christen.html (24.1.2017)

Bonhoeffer bezog gegen die Einführung des Arierparagraphen im August 1933 deutlich Stellung:

»*Nach dem Bekenntnis unserer Kirche ist das kirchliche Lehramt lediglich an die ordnungsmäßige Berufung gebunden. Durch den Arierparagraphen des neuen kirchlichen Beamtengesetzes wird ein Recht geschaffen, das zu diesem grundlegenden Bekenntnis im Widerspruch steht. Damit ist ein Zustand, der nach dem Bekenntnis als Unrecht gelten muss, als kirchliches Recht proklamiert und das Bekenntnis verletzt. […] Wer einem solchen Bruch des Bekenntnisses seine Zustimmung gibt, schließt sich damit selbst aus der Gemeinschaft der Kirche aus. Wir fordern deshalb, dass dies Gesetz, das die evangelische Kirche der altpreußischen Union von der christlichen Kirche trennt, unverzüglich aufgehoben wird.*«

(DBW 12, 123)

Und als letzte Konsequenz fordert er:

»*Darum ist der Arierparagraph eine Irrlehre von der Kirche und zerstört ihre Substanz. Darum gibt es einer Kirche gegenüber, die den Arierparagraphen […] durchführt, nur noch einen Dienst der Wahrheit, nämlich den Austritt.*«

(DBW 12, 413f.)

1. Informieren Sie sich anhand der Texte und ggf. weiterer Quellen über den »Arierparagraphen« allgemein und im kirchlichen Bereich.
2. Welche Argumente führt Bonhoeffer gegen die Einführung des Arierparagraphen in der Kirche an?

M 3 Zwiespalt

Sek II

Auch Bonhoeffers Denken ist allerdings z. T. von überkommenen antijüdischen Tendenzen geprägt: »Ohne Zweifel ist eines der geschichtlichen Probleme, mit denen der Staat fertig werden muss, die Judenfragen, und ohne Frage ist der Staat berechtigt, hier neue Wege zu gehen.«
(DBW 12, 349)

Und er hat sich in dieser Frage nicht durchgehend mutig verhalten. Als am 11.4.1933 der jüdische Schwiegervater seiner Zwillingsschwester Sabine starb, lehnte Bonhoeffer die Bitte seines Schwagers Gerhard Leibholz, seinen Vater zu beerdigen, ab. Später bereute er diese Entscheidung und schrieb an seinen Schwager:

»Es quält mich jetzt [...], dass ich damals nicht ganz selbstverständlich Deiner Bitte gefolgt bin. Ich verstehe mich offen gestanden selbst gar nicht mehr. Wie konnte ich damals nur so grauenhaft feige sein? Ihr habt es gewiss auch gar nicht recht verstanden und mir nichts gesagt. Aber mir geht es ganz grässlich nach, auch weil es gerade etwas ist, was man nie mehr gutmachen kann. Also muss ich euch nun heute einfach bitten, mir diese Schwäche von damals zu verzeihen. Ich weiß heute sicher, ich hätte es anders machen sollen.«

Zitiert in: Sabine Leibholz-Bonhoeffer, Vergangen, erlebt, überwunden. Schicksale der Familie Bonhoeffer; 5. Auflage, Gütersloh 1985; 100

M 4 Schuldbekenntnis

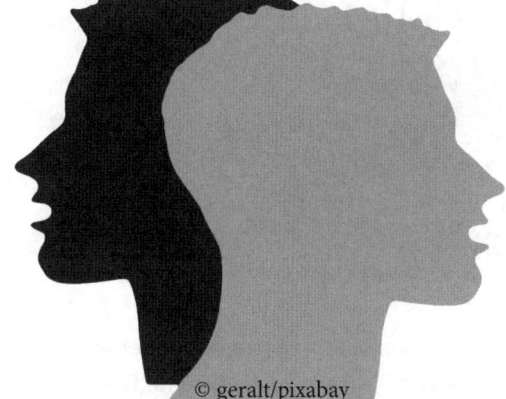
© geralt/pixabay

1940 verfasste Bonhoeffer ein Schuldbekenntnis, in dem er die Schuld der Kirche für die Verbrechen gegen die Juden in deutliche Worte fasste. Damit ging er weit über die Barmer Theologische Erklärung von 1934, die die Juden nicht erwähnt, und sogar das nach dem Krieg 1945 formulierte Stuttgarter Schuldbekenntnis hinaus, in dem die Mitschuld der Kirchen an der Shoa nicht angesprochen wird:

Die Kirche war stumm, wo sie hätte schreien müssen. [...] Die Kirche bekennt, die willkürliche Anwendung brutaler Gewalt, das leibliche und seelische Leiden unzähliger Unschuldiger, Unterdrückung, Hass, Mord gesehen zu haben, ohne ihre Stimme für sie zu erheben, ohne Wege gefunden zu haben, ihnen zu Hilfe zu eilen. Sie ist schuldig geworden am Leben der Schwächsten und Wehrlosesten Brüder Jesu Christi.
(DBW 6, 129 f.)

1. Bonhoeffer hat sich zur Judenfrage nicht durchgehend einheitlich geäußert (vgl. M 3 und M 4). Diskutieren Sie mögliche Gründe.
2. Ziehen Sie zum Vergleich mit Bonhoeffers Schuldbekenntnis die Barmer Theologische Erklärung und das Stuttgarter Schuldbekenntnis hinzu.

M 5 Dem Rad in die Speichen fallen

Auszug aus einem Vortrag Bonhoeffers vor einem Kreis von Pfarrern im April 1933, Die Kirche vor der Judenfrage:

Solange der Staat Recht und Ordnung schaffend handelt – und sei es auch neues Recht und neue Ordnung –, kann sich die Kirche des Schöpfers, Versöhners und Erlösers nicht unmittelbar politisch handelnd gegen ihn wenden. Sie vermag freilich den einzelnen sich dazu aufgerufen wissenden Christen nicht daran zu hindern, den Staat gegebenenfalls als »unhuman« anzuklagen, aber sie wird als Kirche nur danach fragen, ob der Staat Ordnung und Recht schafft oder nicht. Hierbei sieht sie den Staat nun freilich in doppelter Begrenzung. Sowohl ein Zuwenig an Ordnung und Recht als auch ein Zuviel an Ordnung und Recht zwingt die Kirche zum Reden. Ein Zuwenig ist jedes Mal dort vorhanden, wo eine Gruppe von Menschen rechtlos wird, wobei es in concreto jeweils außerordentlich schwierig sein wird, wirkliche Rechtlosigkeit von einem wenigstens formaliter zugebilligten Minimum von Recht zu unterscheiden. […] Dem Zuwenig an Ordnung und Recht steht das Zuviel an Ordnung und Recht gegenüber. Es besagt, dass der Staat seine Gewalt so ausbaut, dass er der christlichen Verkündigung und dem christlichen Glauben (nicht dem freien Gewissen – das wäre die humanitäre Version, die darum illusorisch ist, weil jedes staatliche Leben das so genannte »freie Gewissen« zwingt) sein eigenes Recht raubt – eine groteske Situation, da ja der Staat erst von dieser Verkündigung und von diesem Glauben her sein eigentümliches Recht erhält und sich somit selbst entthront. Diesen Überbegriff der staatlichen Ordnung muss die Kirche zurückweisen, eben aus ihrem besseren Wissen um den Staat und die Grenzen seines Handelns. Der Staat, der die christliche Verkündigung gefährdet, verneint sich selbst. Das bedeutet eine dreifache Möglichkeit kirchlichen Handelns dem Staat gegenüber: erstens (wie gesagt) die an den Staat gerichtete Frage nach dem legitim staatlichen Charakter seines Handelns, d. h. die Verantwortlichmachung des Staates. Zweitens der Dienst an den Opfern des Staatshandelns. Die Kirche ist den Opfern jeder Gesellschaftsordnung in unbedingter Weise verpflichtet, auch wenn sie nicht der christlichen Gemeinde zugehören. »*Tut Gutes an jedermann.*« *In beiden Verhaltensweisen dient die Kirche dem freien Staat in ihrer freien Weise, und in Zeiten der Rechtswandlung darf die Kirche sich diesen beiden Aufgaben keinesfalls entziehen. Die dritte Möglichkeit besteht darin, nicht nur die Opfer unter dem Rad zu verbinden, sondern dem Rad selbst in die Speichen zu fallen. Solches Handeln wäre mittelbar politisches Handeln der Kirche und ist nur dann möglich und gefordert, wenn die Kirche den Staat in seiner Recht und Ordnung schaffenden Funktion versagen sieht, d. h., wenn sie den Staat hemmungslos ein Zuviel oder ein Zuwenig an Ordnung und Recht verwirklichen sieht. In beiden muss sie dann die Existenz des Staates und damit auch ihre eigene Existenz bedroht sehen.*

(DBW 12, 353)

1. Wie beschreibt Bonhoeffer das Verhältnis zwischen Kirche und Staat? Beziehen Sie auch die Auszüge aus Krötkes Vortrag mit ein.
2. Welche Konsequenzen ergeben sich daraus für den Umgang mit der »Judenfrage«?

Wolf Krötke: Dietrich Bonhoeffers Verständnis des Staates. Theologische Begründung – Praktische Konsequenzen – Rezeption in Ost und West
Vortrag auf der XI. Internationalen Bonhoefferkonferenz am 29.06.2012 in Sigtuna (Schweden)

[Bonhoeffers] Ideal eines Staates war der Obrigkeitsstaat, der von Gott und nicht vom Volke, »von oben« und nicht »von unten«, gegeben und legitimiert ist. [...] Bonhoeffers erster bemerkenswerter Beitrag zum Staatsverständnis an der Schwelle des Endes der Weimarer Republik und dem Beginn der Hitler-Diktatur aus dem Jahre 1932 rühmt die Ordnung des Staates in fast prophetischem Ton. Von daher spannt sich ein großer Bogen zu seinem letzten Gutachten für die Bekennende Kirche im Jahre 1943. Er hatte es noch vor seiner Verhaftung fertig gestellt. In ihm ermutigte er die Synode der Bekennenden Kirche, die dann erst am 16./17. Oktober 1943 in Breslau stattfand, mitten in einem mörderischen Krieg für eine *Ordnung des Staates* die Stimme zu erheben, die das 5. Gebot achtet. [...] Er hat aber auf Grund der Prägung seines Denkens durch die reformatorische Theologie auch selbst die Meinung geteilt, dass Gott mit »Ordnungen« die sündige Welt erhalte und regiere. [...] Bonhoeffer hat das Thema der »Ordnungen« [...] von Anfang an in einen christologischen Bezug gestellt. Sie sind im Lichte Jesu Christi als »*Erhaltungsordnungen*« zu verstehen, die von »Christus her« »ihren Wert« gewinnen. [...] Bonhoeffer kann auch sagen: Das Reich Gottes nimmt in der Kirche und im Staat »Gestalt« an. Martin Luther hätte das sicherlich nicht unterschreiben können. Kann die Zwangsmacht des Staates mit ihrer »Schwertgewalt« eine »Gestalt des Reiches Christi«, des gewaltlosen Reiches der Liebe, sein? Ist das nicht eine unheilvolle Vermischung der beiden Regimente und oder Reiche des Schöpfers und Erlösers, mit denen Gott die Welt regiert? Bonhoeffer war wohl bewusst, auf welchem heiklen Terrain er sich hier auch im Chor lutherischer Theologien seiner Zeit bewegte. [...] Als das Unheil der »Machtergreifung« der Nazis in der Weimarer Republik zu Beginn des Jahres 1933 seinen Lauf nahm, war Bonhoeffer sofort als entschiedener Gegner ihres totalitären Machtanspruches auf dem Plan. Er war das aufgrund und nicht trotz seiner theologischen Beurteilung des Wesens des Staates. [...] In Bonhoeffers Verständnis des Staates ist also in seiner Wurzel und *theologisch begründet* definitiv kein Raum für ein totalitäres Staatswesen. Ein Staat, der die Grenzen missachtet, die seinem Amt gesetzt sind, ist gegen Gottes Ordnung für diese Welt. Ein Staat, der nicht die Grenzen beschützt und bewahrt, in denen sich das Leben in den anderen Erhaltungsordnungen rechtmäßig und von mündigen Menschen verantwortet entfalten kann, soll nicht sein. [...]

[Die] Metapher (dem Rad in die Speichen fallen) wird häufig verkehrt oder verkürzend gedeutet, indem man in ihr Bonhoeffers eigenen Weg in den Widerstand präformiert sieht [...]. Die Frage, ob es sich mit dem *Amt der Kirche* verträgt, zum Umsturz eines Unrechtsregimes aufzurufen oder diesen Umsturz gar selbst ins Werk zu setzen, hat Bonhoeffer [...] als eine Lehrentscheidung verstanden, welche jeweils einem »Konzil« der Kirche vorbehalten bleibt. [...] Dennoch sind Bonhoeffers theologische Stellungnahmen zum nationalsozialistischen Staat am Beginn seiner Herrschaft das Widerständigste, was diesem Staat aus dem Raum der Kirche heraus mit genuin theologischen Argumenten entgegen gesetzt wurde. Es ging entschieden weiter, als die sich konstituierende Bekennende Kirche auf der Barmer Synode im Mai 1934 zu sagen vermochte. [...]

wolf-kroetke.de/vortraege/ansicht/eintrag/54.html
(24.1.2017)

M6 Das Steuerrad entreißen

Sek I

Von Bonhoeffer ist das folgende Zitat mündlich überliefert:

»Wenn ein betrunkener Autofahrer mit hoher Geschwindigkeit den Kurfürstendamm hinunter rast, kann es nicht die einzige und wichtigste Aufgabe eines Pfarrers sein, die Opfer des Wahnsinnigen zu beerdigen und deren Angehörige zu trösten. Viel wichtiger ist es, dem Betrunkenen das Steuerrad zu entreißen.«

(Mündlich überliefert; mitgeteilt von Otto Dudzus in: Begegnungen mit Dietrich Bonhoeffer. Ein Almanach, hrsg. v. W.-D. Zimmermann, München 1964)

Am Kurfürstendamm stieß am frühen Morgen ein BVG-Bus mit einem Renault zusammen. Der Autofahrer hatte zuvor getrunken. Die Straße musste gesperrt werden. (28.12.2014)

www.bz-berlin.de/berlin/charlottenburg-wilmersdorf/crash-am-kudamm-verletzte-sperrung (24.1.2017)

Ein Lastwagen ist am Montagabend in Berlin in den Weihnachtsmarkt am Breitscheidplatz gefahren.
Es wurden zwölf Menschen getötet, darunter der polnische Beifahrer des Lkw. 45 Menschen wurden verletzt, 30 davon schwer. Die Terrororganisation »Islamischer Staat« hat die Verantwortung für den Anschlag reklamiert. *(19.12.2016)*

www.zeit.de/gesellschaft/zeitgeschehen/2016-12/berlin-weihnachtsmarkt-kurfuerstendamm-gedaechtniskirche-attentat (24.1.2017)

---

1. Dietrich Bonhoeffer hat anhand eines anschaulichen Zitats versucht zu erklären, warum es notwendig sein kann, selbst aktiv zu handeln. Lässt sich dieses Bild in Beziehung zu seiner Entscheidung bringen, sich am aktiven Widerstand gegen Hitler zu beteiligen?
2. Diskutiert, ob die Zeitungsmeldungen von Dezember 2014 und Dezember 2016, die in beiden Fällen dramatische Ereignisse in der Gegend des Kurfürstendamms aufzeigen, in Bezug zu Bonhoeffers Zitat zu bringen sind.
3. Welchen »Betrunkenen« müssten wir das Steuer entreißen? Sammelt in Kleingruppen Beispiele.

M 7 Wann müssen wir dem Rad in die Speichen fallen?

Sek II

Heinrich Bedford-Strohm:
So wie bei Bonhoeffer lassen sich die Aufgaben der Kirche gegenüber Staat und Öffentlichkeit auch heute zusammenfassen. Die erste von Bonhoeffer genannte Aufgabe verstehen wir heute als Kultur der Einmischung. Wenn die Kirchen mit Denkschriften in die demokratische Zivilgesellschaft hineinsprechen, dann geht es genau um das, was Bonhoeffer als »Verantwortlichmachung des Staates« bezeichnete. Die zweite Aufgabe, der diakonische Dienst an den Bedürftigen, bleibt ohnehin. Dass er heute geleistet wird, zeigt sich, wenn etwa Gemeinden mit großer öffentlicher Zustimmung für den Schutz von Flüchtlingen eintreten. Und die dritte Aufgabe? Was heißt dem Rad in die Speichen fallen? Für Bonhoeffer rückte dies zunehmend ins Zentrum seines Denkens und Handelns. Dass der Imperativ keineswegs nur in der Diktatur gilt, sondern auch in demokratischen Gesellschaften eine Option sein kann, zeigte schon in den frühen achtziger Jahren die Diskussion um gewaltfreien zivilen Ungehorsam gegen die Stationierung von Massenvernichtungswaffen.

Und heute? Wollen wir als Christen ein militärisches Eingreifen im Kampf gegen den Terror des »Islamischen Staates«? Und wenn ja – ist das friedensethisch legitim? Die evangelische Kirche antwortet: Wer militärisch handelt, macht sich schuldig. Aber auch, wer nichts Wirksames gegen den Terror tut, lädt Schuld auf sich. Dietrich Bonhoeffer hat uns eingeschärft, solchen schwierigen ethischen Entscheidungssituationen nicht aus dem Weg zu gehen. Mit seiner Bereitschaft, an der Planung des Attentats auf Hitler mitzuwirken, zog er selbst die praktischen Konsequenzen aus seinen theologischen Maximen.

© Sylvain Pedneault

Es wäre freilich eine fatale Fehlinterpretation, Bonhoeffer zum bellizistischen Kronzeugen unserer Tage zu machen. Ja, er unterstützte das Attentat auf Hitler. In seiner Bereitschaft zur Schuldübernahme, als die Tötung eines Menschen geplant wurde, blieb er trotzdem seinem Engagement für die Überwindung aller Gewalt treu. Dem Rad *gewaltfrei* in die Speichen zu fallen war für ihn Priorität.

Heinrich Bedford-Strohm, Wer fromm ist, muss politisch sein, DIE ZEIT Nr. 15/2015, 9.4.2015, www.zeit.de/2015/15/dietrich-bonhoeffer-todestag-protestantismus-widerstand/komplettansicht (24.1.2017)

1. Wie steht der EKD-Ratsvorsitzende Bedford-Strohm zu Bonhoeffers Forderung, dem Rad in die Speichen zu fallen?
2. Stellen Sie sich vor, Bonhoeffer würde seine Überlegungen auf die Probleme unserer Zeit beziehen. Verfassen Sie in Gruppen eine Stellungnahme aus der Sicht Bonhoeffers zur Rolle und den Aufgaben der Kirchen in unserer Zeit.

Kapitel 6: Religionsloses Christentum

Allgemeine Einführung

Die Aussagen Bonhoeffers zu einem »religionslosen Christentum« gehören zu den aus heutiger Sicht am schwersten nachvollziehbaren Gedanken Bonhoeffers. Sein Religionsbegriff ist ein Bewertungsbegriff für die seiner Ansicht nach falsche und überholte Einstellung von Kirche und Theologie zur »mündigen Welt«. Seine Ausführungen mussten wie viele andere seiner theologischen Arbeiten und seine Ethik fragmentarisch bleiben.

Didaktisch-methodischer Kommentar

Was bedeutet Bonhoeffers Vorstellung eines »religionslosen Christentums« für uns heute? Ist es legitim, seine Überlegungen, die vor dem Hintergrund der zeitgeschichtlichen Situation zu verstehen sind, auf unsere, so ganz andere (religiöse) Gegenwart zu übertragen? Da sich in Bonhoeffers z. T. unvollendet gebliebener Theologie immer wieder Entwicklungen und Revidierungen abzeichnen, ist zu vermuten, dass Bonhoeffer sich auch heute kritisch mit der religiösen Landschaft auseinandersetzen würde. Von daher ist es berechtigt, zu überlegen, ob seine (innerchristliche) Religionskritik auch auf heutige religiöse Phänomene anzuwenden ist.

M 1 Die Kirchen sind leer, das beklagen viele Priester und Pastorinnen beider großen christlichen Konfessionen. Bedeutet das, dass die Menschen »religionslos« geworden sind? Oder sind sie nur »kirchenmüde« geworden? Leeren Kirchen stehen Großveranstaltungen wie z. B. die Kirchentage gegenüber, die gerade für Jugendliche sehr attraktiv sind. Es kann besprochen werden, wie sich die Jugendlichen positioniert haben (denkbar ist es auch, dazu eine Meinungslinie im Klassenraum durchzuführen). Möglicherweise spricht für beide Thesen etwas oder sie treffen beide zugleich zu.

M 2 Für »Religion« lässt sich keine eindeutige Definition finden. Durch die Aufgabe, selbst eine Definition zu schreiben, werden die Jugendlichen angeregt, sich intensiver mit dem Religionsbegriff auseinanderzusetzen.

M 3 Bonhoeffer definiert weniger den Begriff »Religion«, sondern entfaltet ein Verständnis von Religion, das sich auf eine für ihn überholte Vorstellung des Menschen vor der Aufklärung bezieht. Ihm ist es wichtig, eine Gottesvorstellung von einem Gott, der nicht nur in Notsituationen bemüht wird, sondern im Alltagsleben der Menschen seinen Platz hat, zu vermitteln.

M 4 Bonhoeffer wollte mit seinen Gedanken zur »Religionslosigkeit« ein falsch verstandenes und rückschrittiges Religionsverständnis kritisieren und nicht ein Verschwinden von Religionen prophezeien.

Im Film »Die letzte Stufe« hat die Rede Bonhoeffers, die z. T. auf Originalzitaten basiert, einen wichtigen Stellenwert zum Ende des Films – sie wirkt wie eine Art Vermächtnis, die er den Mitgefangenen, die überlebt haben, mit auf den Weg gibt.

M 5 Brauchen wir vielleicht auch heute ein erneuertes Religionsverständnis? Welche Kritikpunkte haben Jugendliche an Religion?

M 6 Die Shell-Jugendstudie erklärt den Rückgang von Religion u. a. damit, dass viele Jugendliche auf für sie wichtige Fragen keine Antworten in den Kirchen finden und viele Vorschriften und Regeln als veraltet empfinden.

M 1 Religionslosigkeit?

Sek II

© Andreas Praefcke

Deutscher Evangelischer Kirchentag 2015 – Abendabschluss auf dem Schlossplatz in Stuttgart
© Maik Meid

© Prazisss/Panthermedia

Wir leben in einer religionslosen Zeit.
1
2
3
4
5
6
7
8
9
10
Es ist eine Rückkehr der Religionen zu verzeichnen.

1. Empfinden Sie unsere Gesellschaft als »religionslos«? Beziehen Sie in Ihre Überlegungen die Bilder mit ein.
2. Positionieren Sie sich auf der Skala von 1 (Wir leben in einer religionslosen Zeit) bis 10 (Es ist eine Rückkehr der Religionen zu verzeichnen) und begründen Sie Ihre Entscheidung.

Kapitel 6: Religionsloses Christentum | 43

M 2 Was ist Religion? — Sek II

Zunächst ist festzuhalten, dass es keine allgemein anerkannte wissenschaftliche Definition des Begriffs Religion gibt. Das Wort Religion leitet sich von dem lateinischen religio ab, was Rückbindung bedeutet.

Unter dem Begriff Religion versteht man eine Vielzahl unterschiedlicher kultureller Phänomene, die den Glauben an eine Welt der Gottheiten oder der Spiritualität beinhalten. Sie beeinflussen das menschliche Verhalten, Handeln, Denken und Fühlen und auch die Wertvorstellungen. Es sind die Religionswissenschaft, aber auch die Religionsgeschichte, Religionssoziologie, Religionsethnologie, Religionsphänomenologie, Religionspsychologie, Religionsphilosophie und z. T. auch die unterschiedlichen Theologien, die sich mit der Religion und der Religiosität beschäftigen. Alle diese Wissenschaften haben unterschiedliche Ansätze, mit denen sie eine Definition versuchen. Mittlerweile dürfte es über hundert Definitionsversuche geben; keine hat sich allgemein durchgesetzt. So gibt es etwa den substanzialistischen oder den funktionalistischen Religionsbegriff.

Der substanzialistische, auch essentialistische Religionsbegriff genannt, geht auf inhaltliche Merkmale von Religion ein. Er leitet die Definition vom Wesen der Religion ab und charakterisiert gleichzeitig die wesentlichen Merkmale von Religion. Religion ist danach ein Phänomen, das das Heilige, das Transzendente, das Absolute, das Numinose oder das Allumfassende zum Wesen hat. […]

Der funktionalistische Religionsbegriff geht den Definitionsweg über die Funktion der Religion. Er besagt, dass Religion für das Individuum und die Gesellschaft eine prägende Rolle spielt und diese mitgestaltet. Definiert wird Religion so über ihre soziale Funktion. Sie wird in Bezug auf gesellschaftliche und individuelle Zusammenhänge gesetzt. […]

Funktionalistische Religionsdefinitionen sind sehr weit. Sie beziehen oft auch Phänomene mit ein, welche im Normalfall nicht als religiös gesehen werden, so etwa die Kunst, der Sport oder auch die politische Überzeugung. Der funktionalistische Religionsbegriff wird hauptsächlich von der Religionssoziologie genutzt; sie bezieht diese quasi religiösen Phänomene mit in ihre Forschungen ein.

Die Definition von Religion, www.religion-ethik.de/religion/definition-was-ist-religion.html (24.1.2017)

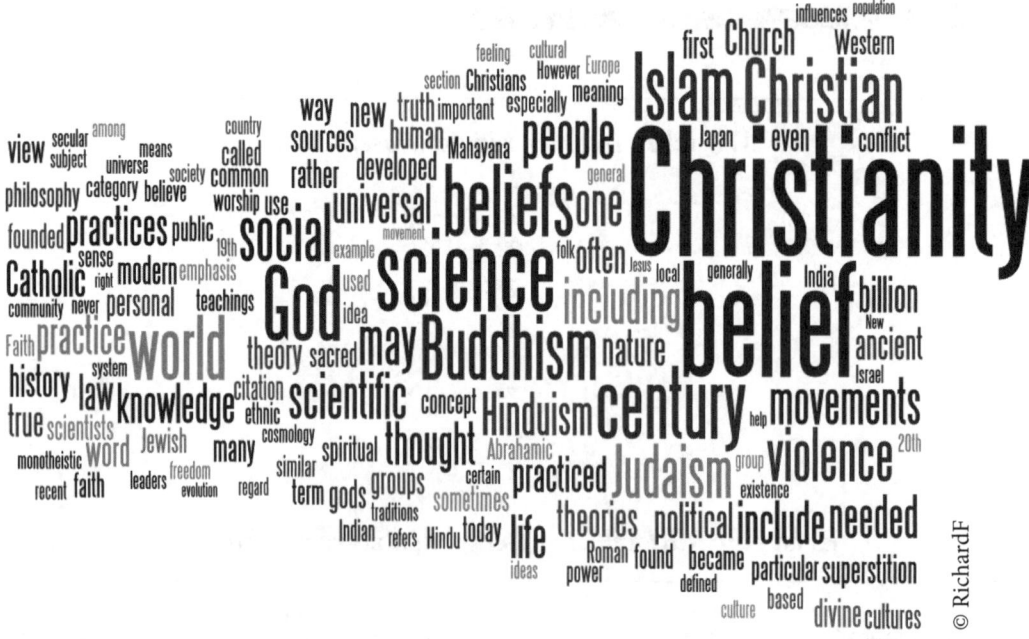

Definieren Sie den Begriff »Religion« unter Einbeziehung von M 2 und möglicherweise weiterer Definitionen.

Kapitel 6: Religionsloses Christentum

M 3 Wir gehen einer völlig religionslosen Zeit entgegen

Sek II

Was mich unablässig bewegt, ist die Frage, was das Christentum oder auch wer Christus heute für uns eigentlich ist. Die Zeit, in der man das den Menschen durch Worte – seien es theologische oder fromme Worte – sagen könnte, ist vorüber; ebenso die Zeit der Innerlichkeit und des Gewissens, und d. h. eben die Zeit der Religion überhaupt. Wir gehen einer völlig religionslosen Zeit entgegen; die Menschen können einfach, so wie sie nun einmal sind, nicht mehr religiös sein. Auch diejenigen, die sich ehrlich als »religiös« bezeichnen, praktizieren das in keiner Weise; sie meinen also vermutlich mit »religiös« etwas ganz anderes.
(DBW 8, 402 f.)

Oft frage ich mich, warum mich ein »christlicher Instinkt« häufig mehr zu den Religionslosen als zu den Religiösen zieht, und zwar durchaus nicht in der Absicht der Missionierung, sondern ich möchte fast sagen »brüderlich«. [...] Die Religiösen sprechen von Gott, wenn menschliche Erkenntnis (manchmal schon aus Denkfaulheit) zu Ende ist oder wenn menschliche Kräfte versagen – es ist eigentlich immer der deus ex machina, den sie aufmarschieren lassen [...] – ich möchte von Gott nicht an den Grenzen, sondern in der Mitte, nicht in den Schwächen, sondern in der Kraft, nicht also bei Tod und Schuld, sondern im Leben und Guten des Menschen sprechen.
(DBW 8, 406 f.)

1. Was bedeutet für Bonhoeffer »religionslos«?
2. Welche Gottesvorstellung kritisiert Bonhoeffer? Beziehen Sie das Bild in Ihre Überlegungen ein.
3. Vergleichen Sie Bonhoeffers Religionsverständnis mit der Definition von M 2 und Ihren eigenen Definitionen.

Deus ex machina
Lateinisch = der Gott aus der (Theater-)maschine (im antiken Theater schwebten die Götter an einer kranähnlichen Flugmaschine auf die Bühne)
unerwarteter, im richtigen Moment auftauchender Helfer in einer Notlage; überraschende, unerwartete Lösung einer Schwierigkeit

Duden online, www.duden.de/rechtschreibung/Deus_ex_Machina (24.1.2017)

M4 Religionskritik als Kirchenkritik   Sek II

Bonhoeffer fragt nach einem Christentum, das in der Welt gelebt wird und sich auf die Weltlichkeit der Welt einlässt. Dies kann freilich kein verweltlichtes, säkularisiertes, seines Kerns beraubtes Christentum sein. Es ist vielmehr ein Christentum, das sich auf die »Anfänge des Verstehens« konzentriert und dadurch seines Zentrums gewiss ist. […] Die Distanzierung von dem religiösen Gewand des Christentums geschieht um seiner Substanz willen. […] Den Schlüssel für ein solches weltliches Christentum findet er in der Diesseitigkeit von Leiden und Tod Jesu.

Wolfgang Huber, in: Florian Schmitz/Christiane Tietz (Hg.), Dietrich Bonhoeffers Christentum: Festschrift für Christian Gremmels; Gütersloh 2011; 128–130

Der Begriff »Religionslosigkeit« gilt vielen Theologen heute als eine Prophezeiung Bonhoeffers, die sich nicht bewahrheitet hat. Er hat aber gar nicht gemeint, die Weltreligionen würden an ihr Ende kommen und es könne keine religiösen Moden mehr geben, sondern in dem Begriff steckt zuallererst eine doppelte Kritik an seiner eigenen Kirche. Nicht nur die vom Staat anerkannte Kirche, die Bonhoeffer so leidenschaftlich bekämpft hat, hat den Krieg Hitlers gutgeheißen […] auch die Bekennende Kirche hat viel zu selten klare Worte gefunden. Für ihn war die religiöse Sprache in Deutschland durch das Verhalten der Kirche in der Zeit von 1933 bis 1945 politisch und menschlich diskreditiert. Und daneben gab es ein viel älteres Problem. Die Kirche hatte sich gegen die Aufklärung gestemmt und sich auf einen Abwehrkampf gegen den Siegeszug der modernen Naturwissenschaften, die »ohne die Arbeitshypothese Gott« die Welt erklärten, eingelassen. Die Theologen hatten damit »Rückzugsgefechte« gegen die Säkularisierung der Welt und der Gesellschaft geführt und versucht, wenigstens Randgebiete des menschlichen Lebens für Gott offenzuhalten, der dadurch zu einer Art »Lückenbüßer« gemacht worden war. […] Bonhoeffer lässt den Begriff »Säkularisierung« entschlossen fallen und redet von der »Mündigkeit« der modernen Welt und vom »mündig gewordenen Menschen«. […] Die Entwicklung zur Mündigkeit der Welt macht den Blick frei für den Gott der Bibel, der durch seine Ohnmacht in der Welt Macht und Raum gewinnt. […]

Ferdinand Schlingensiepen, Dietrich Bonhoeffer. Eine Biographie; München 2005; 366 f.

Dietrich Bonhoeffers (Ulrich Tukurs) Ansprache in der zerstörten Kirche am Ende des Films
Die letzte Stufe

Mich bewegt unablässig die Frage, was Christus uns für die Zukunft zu sagen hat. Wir brauchen ein erneuertes Christentum, denn unsere Welt ist mündig geworden. In einer modernen Welt muss Religion vor allem ein Ziel haben. Wir müssen unsere Not und unser Leid teilen und damit auch das Leiden Gottes in einer gottlosen Welt. Wir brauchen vielmehr als eine Religion der frommen Worte, wir brauchen Glauben und in seinem Zentrum Jesus Christus. Wahres Christentum heißt, teile des anderen Schmerz. Wir können den Tag nicht voraussagen, an dem berufene Menschen das Wort Gottes wieder so aussprechen, dass sich die Welt darunter verändert und erneuert. Aber wenn dieser Tag kommt, wird es eine neue Sprache sein. Vielleicht ganz unreligiös, aber befreiend und wirklich erlösend. So wie die Sprache Jesu. Sie wird die Menschen entsetzen, entsetzen durch ihre Gewalt. Diese Sprache einer neuen Wahrheit verkündigt den Frieden Gottes mit dem Menschen.

Aus: Ulrike Pagel-Hollenbach, »Dietrich Bonhoeffer – die letzte Stufe«, www.rpi-loccum.de/material/medienpaedagogik/pagbon (24.1.2017)
© Gütersloher Verlagshaus

1. Wie interpretieren Huber und Schlingensiepen Bonhoeffers Verständnis von Religionslosigkeit?
2. Analysieren Sie die Rede Bonhoeffers im Film »Die letzte Stufe« im Zusammenhang mit der Rahmenhandlung der Szene im Film.

M 5 Brauchen wir eine neue Religion?

Sek II

© Til Mette

1. Brauchen wir eine neue Religion? Beziehen Sie kritisch Stellung zu der Karikatur.
2. Was kritisieren Sie persönlich an Religion/Religionen?

Kapitel 6: Religionsloses Christentum | 47

M 6 Religiöse Vorschriften schrecken ab

Sek II

Doch während die Jugend langsam wieder ein Verhältnis zur Tradition gewinnt, kann die Religion, eigentlich der stärkste Pfeiler der Tradition, davon nicht profitieren. Vor allem unter katholischen Jugendlichen hat der Glaube an Gott an Bedeutung verloren, evangelische Jugendliche hatten schon zuvor dem Glauben an Gott eher weniger Bedeutung beigemessen. Religion nur mäßig bewertet Für 76 % der Muslime ist der Glaube an Gott eine wichtige Leitlinie ihres Lebens, hingegen nur für 37 % der evangelischen Jugendlichen. Auch zwischen der Jugend im Westen und im Osten Deutschlands gibt es deutliche Unterschiede bei der Religiosität. Für 68 % der Jugendlichen in den neuen Bundesländern ist der Glaube an Gott unwichtig, aber nur für 45 % in den alten Bundesländern. Im Osten gehören weiterhin sehr viele Jugendliche keiner Kirchengemeinschaft an, wobei die Religiosität unter jungen Menschen selbst im Umfeld der kirchenfernen ostdeutschen Gesellschaft wieder leicht zunimmt. Konfessionslose Jugendliche sind immer noch eine Minderheit in Deutschland (23 %). Ein großer Teil dieser Jugendlichen bejaht dennoch die Institution der Kirche. 42 % finden es gut, dass es die Kirche gibt, 39 % nicht (Rest: keine Angabe). Typisch ist, dass die Mehrheit der Jugendlichen einer Kirche oder Glaubensgemeinschaft angehört. An Gott zu glauben finden allerdings nur 38 % der Jugendlichen mit christlicher Konfession wichtig. Bei muslimischen Jugendlichen sind es zum Vergleich 81 %. Dazu trägt bei, dass nur 27 % der Eltern von den Jugendlichen als »(ziemlich) religiös« eingestuft werden (2006: 28 %). Die meisten sagen, die Eltern seien »weniger religiös« (45 %, 2006: 40 %). Allerdings sank der Anteil an den Jugendlichen, die ihre Eltern als »überhaupt nicht religiös« einstufen, von 32 % auf 27 %. Obwohl die Religion weiterhin nicht gerade im Zentrum des Wertesystems der Jugend steht, ist sie in der Jugend insgesamt eine eher konstante Größe. Doch religiöse Rituale und Vorschriften aus vergangenen Zeiten schrecken viele Jugendliche ab. Sie verneinen nicht das Existenzrecht der Kirche, schätzen ihre soziale Rolle, vermissen jedoch oft Antworten auf wichtige Fragen ihrer Lebensführung.

Deutsche Shell Holding GmbH, Hamburg (Hg.), 17. SHELL JUGENDSTUDIE. JUGEND 2015, http://www.ljbw.de/files/shell-jugendstudie-2015-zusammenfassung-de.pdf (24.1.2017)

1. Wie erklärt die Shell-Jugendstudie den Rückgang der Religiosität von Jugendlichen?
2. Planen und führen Sie selbst eine Umfrage zur Bedeutung der Religion an Ihrer Schule durch.

Kapitel 7: Fragmentarisches Leben

Allgemeine Einführung
Während seiner Haftzeit hat sich Bonhoeffer in seinen Briefen mehrfach mit dem Thema »fragmentarisches Leben« auseinandergesetzt. Derartige Gedanken beschäftigten ihn in dieser Zeit besonders, weil er sein bisheriges Leben als unterbrochen oder sogar als abgebrochen empfunden hat.

Didaktisch-methodischer Kommentar
Derartige Erfahrungen von Verlust und Abbruch der Kontinuität werden die wenigsten Jugendlichen gemacht haben (wohl aber z. B. Kinder, die in ihrer Heimat Krieg, Bedrohung und Tod erlebt haben). Bonhoeffers Eindruck eines fragmentarischen Lebens kann dann ansatzweise nachempfunden werden, wenn die Schülerinnen und Schüler eine Vorstellung davon bekommen, was z. B. die Haftzeit oder das verwehrte Ausleben der Liebe zu seiner Verlobten für Bonhoeffer bedeutet haben mag. Es kann deutlich werden, dass jedes Leben fragmentarisch bleiben wird und nicht nur aus Gelingen, sondern auch aus Scheitern und Verlust bestehen wird, was sich schon aus der Begrenztheit jedes Lebens erklärt.

M 1 Unvollständiger oder gradliniger Lebensweg – stehen diese beiden Vorstellungen im Widerspruch zueinander oder gehören sie beide zum Leben dazu? Die Schülerinnen und Schüler können dazu angeregt werden, sich Gedanken über ihre Lebensplanung zu machen. Sie können überlegen, welche Puzzleteile ihr Leben schon hat und welche möglicherweise noch dazukommen können. Dazu können sie z. B. ein Arbeitsblatt mit leeren Puzzleteilen bekommen, die sie ausfüllen können. Weiterhin kann darüber diskutiert werden, ob ein Lebensweg immer gradlinig verläuft oder häufig auch Umwege aufweist. Dazu könnten die Jugendlichen ältere Menschen mit mehr Erfahrungen, z. B. Eltern oder Großeltern, befragen.

M 2 Zu dem Wettbewerb zu »Wer bin ich?« (vgl. Kapitel 8) war ein Schülerbeitrag der Nachbau einer Gefängniszelle, um Bonhoeffers Situation besser nachfühlen zu können. Eine andere Idee wäre, in der Klasse mit Kreide die Umrisse einer Zelle aufzumalen.

M 3 Falls die Zeit es zulässt, könnte darüber gesprochen werden, was eine Haft für Menschen bedeutet. Wenn die Möglichkeit besteht, könnte z. B. auch ein Gefängnisseelsorger dazu befragt werden.

M 4 Der Briefwechsel zwischen Bonhoeffer und seiner Verlobten Maria von Wedemeyer ist sehr berührend, mutet aber Jugendlichen von heute auch sehr altmodisch an. Anhand von Ausschnitten kann aber deutlich werden, wie sehr Bonhoeffer unter dem Abbruch seines vorherigen Lebens gelitten hat. Die Schülerinnen und Schüler werden derartige Erfahrungen eher nicht gemacht haben und hoffentlich auch nicht machen. Aber dennoch kann überlegt werden, welche Trennungen im Leben von Menschen passieren können und was das bedeutet.

M 5 Der Theologe Henning Luther verfasste seinen Text, der das Leugnen von Fragmentarität im Zusammenhang mit der Sündenlehre erörtert, in einer Situation der Begrenztheit (Krankheit, die zum Tode führen sollte). Es kann diskutiert werden, ob die konkrete Erfahrung der Begrenztheit des Lebens durch drohende Hinrichtung (Bonhoeffer) oder unheilbare Krankheit (Luther) zu einer intensiveren Auseinandersetzung mit der Frage nach Fragmentarität führt.

M 1 Puzzleteile des Lebens

Sek I

1. Überlege dir, inwiefern die beiden Bilder und die Überschrift M 1 mit dem Thema »Fragmentarisches Leben« zusammenhängen könnten.
2. Welches Bild hat mehr mit deinem Leben zu tun? Begründe deine Antwort.
3. Welche Puzzleteile gibt es in deinem Leben? Ist dein Leben komplett oder wird dein Puzzle irgendwann komplett sein?

M 2 Fragmentarisches Leben während der Haftzeit

Sek I

Dietrich Bonhoeffers Gefängniszelle in Tegel

Liebe Eltern! Vor allem müsst Ihr wissen und auch wirklich glauben, dass es mir gut geht. [...] Was man sich gewöhnlich bei einer Haft als besonders unangenehm vorstellt, also die verschiedenen Entbehrungen des äu-
5 *ßeren Lebens, das spielt merkwürdigerweise tatsächlich fast gar keine Rolle.*
(DBW 8, 43 f.)

Bonhoeffer versuchte, in seinen Briefen vor allem seine Eltern zu schonen. Laut seinem Freund und Biografen Eberhard Bethge hat ihm die Haftzeit wohl weitaus mehr ausgemacht, als er zugegeben habe: »Da waren die schmale Kost, der Schmutz, die Rohlinge mit dem Schlüsselbund und die Erniedrigung durch die Handfessel, aber darauf stellte er sich ein. Schlimmer war die Absperrung von Freunden und 10 Familie; viel stärker empfand er, nun Opfer der ungewiss gegliederten, sich hinziehenden Zeit zu sein.«

Eberhard Bethge, Dietrich Bonhoeffer. Eine Biographie, 8. Auflage; Gütersloh 2004; 932

Und eine andere Biografin, Renate Wind, stellt fest: »Zwei Dinge machen Dietrich am meisten zu schaffen: das Gefühl der Ohnmacht, die ungewohnte Erfahrung, nicht mehr Herr über seine Zeit zu sein – und 15 die erzwungene Einsamkeit gerade an dem Punkt, an dem er sich aus der inneren Reserve herausbegeben hatte (meine Anmerkung: er hatte sich verlobt).« [...]

Renate Wind, Dem Rad in die Speichen fallen, 5. Auflage; Basel/Weinheim 1993; 133

Bonhoeffer entstammte einem wohlsituierten bürgerlichen Umfeld und befand sich nun plötzlich in Haft. Besprich mit deinem Nachbarn, welche Entbehrungen er möglicherweise gehabt hat.

M 3 Gefangen

Sek I/II

© Robert Adrian Hillman/Shutterstock

1. Beschreibe das Bild und die verschiedenen Posen des/der Gefangenen. Welche Gefühle werden jeweils zum Ausdruck gebracht?
2. Überlegt euch in Gruppen Standbilder, die zum Ausdruck bringen, wie sich ein Gefangener fühlt.
3. Wie lassen sich Bonhoeffers Hafterfahrungen zu diesen Bildern in Beziehung setzen?

Bonhoeffer beschreibt den Anfang seiner Haft so:
Ich wurde für die erste Nacht in eine Zugangszelle eingeschlossen; die Decken auf der Pritsche hatten einen so bestialischen Gestank, dass es trotz der Kälte nicht möglich war, sich damit zuzudecken. Am nächsten Morgen
5 *wurde mir ein Stück Brot in die Zelle geworfen, so dass ich es vom Boden aufheben musste. […] Von außen drangen in meine Zelle zum ersten Mal jene wüsten Beschimpfungen der Untersuchungsgefangenen durch das Personal, die ich seither täglich von morgens bis*
10 *abends gehört habe.*
(DBW 8, 380 f.)

Bonhoeffer verständigt sich mit seinen Zellennachbarn mit Klopfzeichen und bekommt auch mit, wenn Verurteilte zur Hinrichtung abgeholt werden. Diese Eindrücke verarbeitet er in dem Gedicht *Nächtliche stimmen aus Tegel*. Hier heißt es u. a.:
*Eine leise Stimme verliest etwas schneidend und kalt.
Fasse dich, Bruder, bald hast du's vollbracht,
bald, bald!*

*Mutig und stolzen Schrittes hör' ich dich schreiten.
Nicht mehr den Augenblick siehst du,* 15
siehst künftige Zeiten.
(DBW 8, 523)

In der ersten Zeit im Gefängnis notiert Bonhoeffer auf einem Zettel:
»*Kontinuität mit der Vergangenheit und Zukunft unterbrochen …
Unzufriedenheit – Gespanntheit, Ungeduld, Sehnsucht,
Langeweile, Nacht – tief einsam,* 20
*Gleichgültigkeit, Beschäftigungsdrang, Abwechslung,
Neuigkeit, Stumpfheit, Müdigkeit, schlafen – dagegen harte Ordnung
Das Phantasieren, Verzerrung der Vergangenheit und Zukunft* 25
Selbstmord, nicht aus Schuldbewusstsein, sondern weil ich im Grunde schon tot bin, Schlussstrich, Fazit.«
(DBW 8, 64)

M4 Maria von Wedemeyer

Sek I/II

Auszüge aus den Brautbriefen:

Maria von Wedemeyer: Du möchtest gerne Heiratspläne hören? [...] Ich wünsche mir im Sommer, da ist es in Pätzig am schönsten. Wie sehr habe ich mich darauf gefreut Dir Pätzig grade (sic!) im August zeigen zu können. [...] Bis in jede Einzelheit hatte ich mir den August ausgemalt. [...] Sei nicht traurig und betrübt. Denke daran, wie froh wir später sein werden. [...] Eine Hochzeitsreise machen wir auch? Wohin? Und was kommt dann? Dann kommt vor allem, dass wir beide glücklich sind – alles andere ist doch dann ziemlich egal, nicht wahr? (9.6.1943; 14)

Dietrich Bonhoeffer: Es war heute so unbeschreiblich schön mit Dir zusammen, noch schöner als das letzte Mal – und wie wird es erst sein, wenn wir einmal ganz ohne andere Menschen zusammen sein werden. (30.7.1943; 32)

M.v.W.: Es ist grausam, wenn einem ein Mensch, an den man sich einbildet schon ein Anrecht zu haben, einfach weggenommen wird und man machtlos daneben steht. (27.8.1943; 45)

D.B.: Es wird allmählich ein Warten, dessen äußeren Sinn ich nicht begreife; den Sinn muss man täglich neu finden. Es ist uns beiden in den letzten Monaten so unendlich viel genommen worden. (20.9.1943; 56)

M.v.W.: Werde nicht müde und traurig, mein liebster Dietrich, es dauert ja nicht mehr lange. Es kann ja nicht mehr lange dauern und dann sind wir beieinander. (29.9.1943; 62)

D.B.: Es sind nun fast zwei Jahre, dass wir aufeinander warten, liebste Maria. Werde nicht mutlos. (19.12.1944; 209)

D.B.: Unsere Liebe sollte ja gerade erst anfangen, als wir getrennt wurden. [...] Lass mich ganz offen sein. Wir wissen nicht, wie oft wir uns in unserem Leben überhaupt noch sehen; so sind nun einmal die Zeiten. (27.6.1944; 198)

Ruth-Alice von Bismarck/Ulrich Kabitz (Hg.), Brautbriefe Zelle 92. Dietrich Bonhoeffer. Maria von Wedemeyer. 1943–1945; München 1994

1. Welche Gefühle werden in den Auszügen aus den »Brautbriefen« deutlich?
2. Stelle diese Briefauszüge in einen Zusammenhang mit dem Thema »Fragmentarisches Leben?«

M 5 Fragmentarisches Leben

Sek II

Dietrich Bonhoeffer:

»[…] ein Leben, das sich im Beruflichen und Persönlichen voll entfalten kann und so zu einem ausgeglichenen und erfüllten Ganzen wird, wie es in Eurer Generation noch möglich war, gehört wohl nicht mehr zu den
5 Ansprüchen, die unsere Generation stellen darf. Darin liegt wohl der höchste Verzicht, der uns Jüngeren, die wir Euer Leben noch vor Augen haben, auferlegt ist und abgenötigt wird. Das Unvollendete, Fragmentarische unseres Lebens empfinden wir darum wohl be-
10 sonders stark. Aber gerade das Fragment kann ja auch wieder auf eine menschlich nicht mehr zu leistende höhere Vollendung hinweisen. Daran muss ich besonders beim Tode so vieler meiner besten ehemaligen Schüler denken. Wenn auch die Gewalt der äußeren Ereignis-
15 se unser Leben in Bruchstücke schlägt, wie die Bomben unsere Häuser, so soll doch möglichst noch sichtbar bleiben, wie das Ganze geplant und gedacht war […].«
(DBW 8, 330 f.)

»Je länger wir aus unserem eigentlichen, beruflichen und persönlichen Lebensbereich herausgerissen sind, desto
20 mehr empfinden wir, dass unser Leben – im Unterschied zu dem unserer Eltern – fragmentarischen Charakter hat. […] Es kommt wohl nur darauf an, ob man dem Fragment unsres Lebens noch ansieht, wie das Ganze eigentlich angelegt und gedacht war und aus welchem
25 Material es besteht. Es gibt schließlich Fragmente, die nur noch auf den Kehrrichthaufen gehören […], und solche, die bedeutsam sind auf Jahrhunderte hinaus, weil ihre Vollendung nur eine göttliche Sache sein kann, also Fragmente, die Fragmente sein müssen […].«
(DBW 8, 335 f.)

Henning Luther:

Das eigentlich Christliche scheint mir nun darin zu 30 liegen, davor zu bewahren, die prinzipielle Fragmentarität von Ich-Identität zu leugnen oder zu verdrängen. Glauben hieße dann, als Fragment zu leben und leben zu können. Ich denke, für dieses Verständnis lassen sich einige zentrale theologische Topoi zur Deutung 35 und Begründung anführen. Ich will nur einige beispielhaft heranziehen. Den ersten Hinweis entnehme ich dem Sündenverständnis. Sünde heißt, sein wollen wie Gott. Sünde liegt also gerade in der »Ablehnung der Individualität des Individuums, das nicht es selbst 40 sein will, sondern Gott«. Das bedeutet also, dass nicht Selbstverwirklichung oder Identitätsentwicklung als solche Sünde sind. Sünde ist vielmehr das Aus-Sein auf vollständige und dauerhafte Ich-Identität, das die Bedingungen von Fragmentarität nicht zu akzeptie- 45 ren bereit ist. »Nicht wir selbst sein wollen, sondern Gott« – hieße in unserem Zusammenhang, uns nicht mehr als Fragmente zu verstehen, die auf ein Ganzes nur verweisen, sondern uns bereits als Vollständiges zu nehmen. Sünde wäre, diese Differenz zwischen 50 Fragment und Totalität zu verwischen – oder die zwischen Geschöpf und Schöpfer. […]

Henning Luther, 1947–1991, war Professor für Praktische Theologie. Er starb an AIDS.

Henning Luther, Identität und Fragment, in: Ders., Religion und Alltag. Bausteine zu einer praktischen Theologie des Subjekts; Stuttgart 1992

1. Was versteht Bonhoeffer unter fragmentarischem Leben?
2. Vergleichen Sie Bonhoeffers Verständnis mit den Überlegungen von Henning Luther.
3. Erörtern Sie in Gruppen, ob und inwiefern diese Gedanken in Zusammenhang mit der Todesnähe, derer sich beide Theologen bewusst waren, stehen.

Kapitel 8: Wer bin ich?

Allgemeine Einführung
Die Frage »Wer bin ich?« beschäftigt alle Menschen im Verlauf ihres Lebens manchmal mehr und manchmal weniger und die meisten werden diese Frage für sich vermutlich nicht abschließend beantworten können. Gerade für Jugendliche sind die Fragen nach ihrer eigenen Identität und nach Selbst- und Fremdwahrnehmung häufig von zentraler Bedeutung.

Bonhoeffer setzte sich mit dieser Frage in einer besonders schwierigen Phase seiner Haftzeit auseinander, kurz vor dem Umsturzversuch am 20.7.1944.

Didaktisch-methodischer Kommentar
Es ist wichtig, dass sich Jugendliche die Frage nach ihrer Identität immer wieder aufs Neue stellen und akzeptieren lernen, dass es keine abschließenden Antworten geben kann. Viele junge Menschen empfinden eine gewisse Zerrissenheit, weil sie das Gefühl haben, in Schule, Elternhaus und Freundeskreis unterschiedliche Rollen spielen zu müssen und diesen nicht gleichermaßen gerecht werden zu können. Was andere von ihnen denken, spielt häufig so eine große Rolle, dass sie darüber gelegentlich in den Hintergrund stellen, was sie selbst eigentlich von sich denken.

Das Gedicht Bonhoeffers kann als Anknüpfungspunkt, sich mit der Frage nach der eigenen Identität auch kreativ auseinanderzusetzen, verwendet werden. Ein anderer Ansatzpunkt wäre, das Gedicht im Zusammenhang mit der Beschäftigung mit Bonhoeffers Biografie und Theologie zu besprechen und von dort ausgehend auch auf die Frage nach der eigenen Identität zu kommen. Beide Vorgehensweisen sind gleichermaßen legitim.

M 1 Wie nehme ich mich wahr? Wie nehmen mich andere wahr? Dieser Frage kann in Partner- oder Gruppenarbeit bearbeitet werden, wobei das nur mit Schülerinnen und Schülern, die sich gut kennen und gut miteinander umgehen können, denkbar ist, weil es bei der Mitteilung von Fremdwahrnehmung sonst auch zu Verletzungen kommen kann.

M 2 Was ist mir besonders wichtig? Was prägt mich? Auch diese Überlegungen sind wichtig im Zusammenhang mit der eigenen Identität. Es kann diskutiert werden, inwieweit diese Wertungen von grundsätzlicher Bedeutung für die Jugendlichen sind bzw. ob es sich um Momentaufnahmen handelt.

M 3 Es gibt verschiedene Möglichkeiten, sich dem Gedicht zu nähern. Das hängt auch davon ab, ob das Gedicht ein Einstieg in das Thema »Dietrich Bonhoeffer« oder eher in den Themenbereich »Identität« darstellen soll. Denkbar ist auch, den Schülerinnen und Schülern lediglich die Überschrift oder Zeilenanfänge zu geben und sie das Gedicht zunächst selbst schreiben zu lassen (kreatives Schreiben).

M 4 Der 2015 bundesweit ausgeschriebene Schulwettbewerb der Internationalen Bonhoeffergesellschaft (ibg) zu »Wer bin ich?« brachte eine Fülle großartiger und sehr unterschiedlicher Auseinandersetzungen mit Bonhoeffers Text hervor. Mal lag der Fokus eher auf Bonhoeffer selbst, mal auf der Frage nach der eigenen Identität. Etliche Beiträge waren Videoclips. Diese Auseinandersetzung mit dem Text im Unterricht ist besonders schülermotivierend (→ www.dietrich-bonhoeffer.net/bonhoeffer-heute/projekte-unterricht/schuelerwettbewerb-wer-bin-ich/).

M 5 Die ausführlichere Auseinandersetzung mit dem Text bietet sich vor allem für die Sek II an. Zum tieferen Verständnis des Textes, besonders auch der letzten Zeilen, ist es wichtig, die Umstände, unter denen das Gedicht entstanden ist, mit in den Blick zu nehmen. Denn die empfundene Diskrepanz zwischen Selbst- und Fremdwahrnehmung ist auch auf die große Belastung durch die Gefängnissituation und die seelischen Konflikte als Pfarrer »Doppelagent« zu sein, zurückzuführen.

Hier lassen sich auch Bezüge zu dem Kapitel 7 (Fragmentarisches Leben) herstellen.

M 1 Wer bin ich?

Sek I

© geralt/pixabay

*werbinichwasbinichwertwasdenkenandereübermichbinichimmergleichwerdeichgemochtwarum
binichhäufigunsicherwerprägtmichwerdeichmichverändern????*

1. Ergänzt die Fragenliste mit weiteren Fragen, die euch im Zusammenhang mit der zentralen Frage »Wer bin ich?« bewegen.
2. Schreibe besondere Stärken und Schwächen von dir auf. Tausche dich mit einem Partner deiner Wahl darüber aus. Sieht er/sie deine Ergebnisse ähnlich wie du?

Das kann ich besonders gut:

Das sind Schwächen von mir:

M 2 Was ist mir wichtig, was macht mich aus?

Sek I

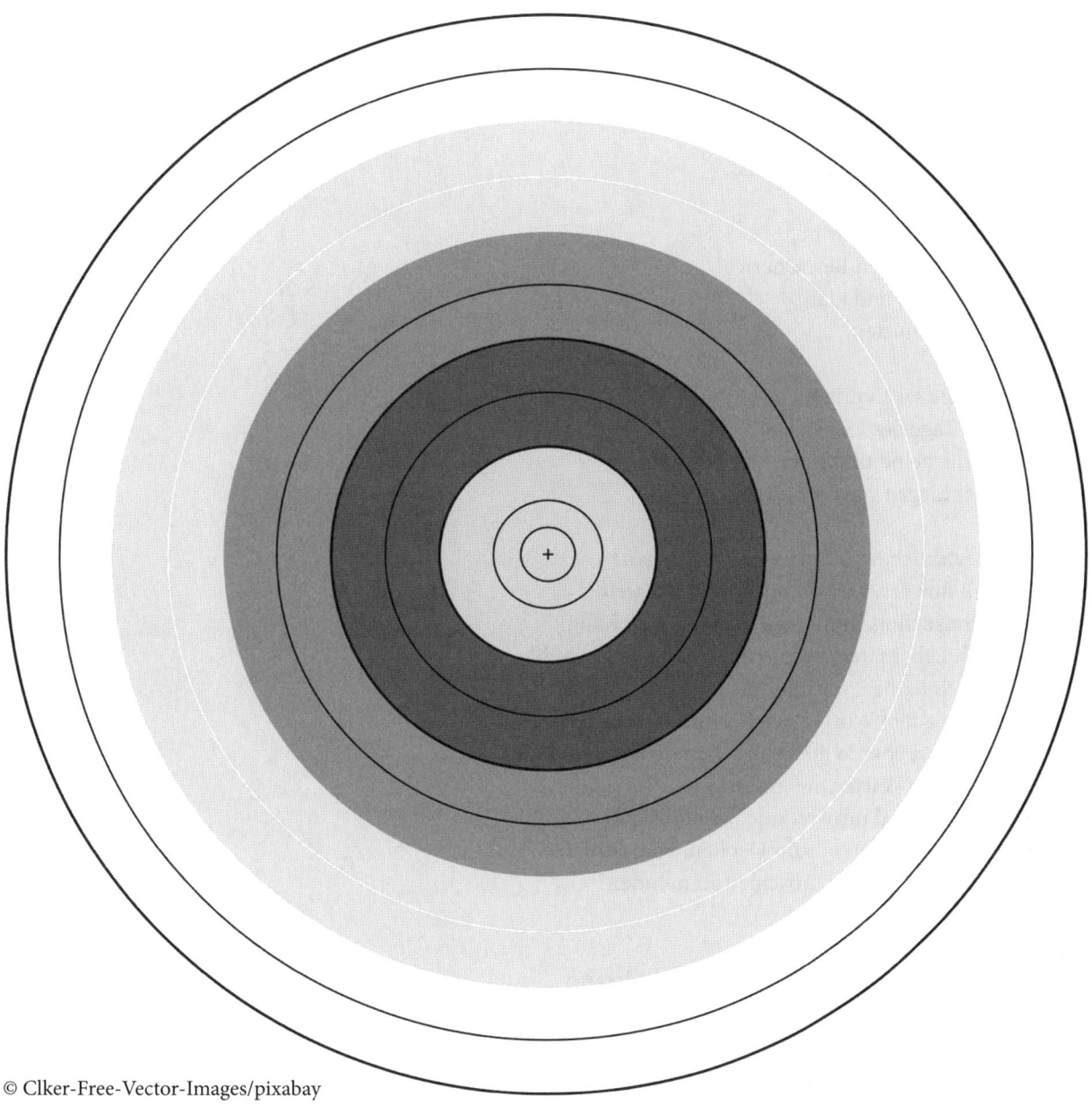

© Clker-Free-Vector-Images/pixabay

1. Trage in diese Dartscheibe ein, was bzw. wer dir besonders wichtig ist. Je näher du die Einträge am Zentrum der Scheibe platzierst, als desto wichtiger empfindest du sie für Deine Identität.

M3 Dietrich Bonhoeffer: Wer bin ich?

Sek I/II

Wer bin ich? Sie sagen mir oft,
ich träte aus meiner Zelle
gelassen und heiter und fest,
wie ein Gutsherr aus seinem Schloss.

5 Wer bin ich? Sie sagen mir oft,
ich spräche mit meinen Bewachern
frei und freundlich und klar,
als hätte ich zu gebieten.

Wer bin ich? Sie sagen mir auch,
10 ich trüge die Tage des Unglücks
gleichmütig lächelnd und stolz,
wie einer, der Siegen gewohnt ist.

Bin ich das wirklich, was andere von mir sagen?
Oder bin ich nur das, was ich selbst von mir weiß?
15 Unruhig, sehnsüchtig, krank, wie ein Vogel im Käfig,
ringend nach Lebensatem, als würgte mir einer die Kehle,
hungernd nach Farben, nach Blumen, nach Vogelstimmen,
dürstend nach guten Worten, nach menschlicher Nähe,
zitternd vor Zorn über Willkür und kleinlichste Kränkung,
20 umgetrieben vom Warten auf große Dinge,
ohnmächtig bangend um Freunde in endloser Ferne,
müde und leer zum Beten, zum Denken, zum Schaffen,
matt und bereit, von allem Abschied zu nehmen?

Wer bin ich? Der oder jener?
25 Bin ich denn heute dieser und morgen ein andrer?
Bin ich beides zugleich? Vor Menschen ein Heuchler
und vor mir selbst ein verächtlich wehleidiger Schwächling?
Oder gleicht, was in mir noch ist, dem geschlagenen Heer,
das in Unordnung weicht vor schon gewonnenem Sieg?

30 Wer bin ich? Einsames Fragen treibt mit mir Spott.
Wer ich auch bin, Du kennst mich, Dein bin ich, o Gott!
(DBW 8, 513f.)

Von dem Gedicht gibt es zwei handschriftliche Fassungen: eine für Bonhoeffers Eltern und die andere lag dem Brief an Eberhard Bethge vom 8.7.1944 bei.

1. Notiere erste Eindrücke zu dem Gedicht.
2. Besprecht in Kleingruppen, wie das Gedicht vor dem Hintergrund von Bonhoeffers Biografie zu verstehen ist.

M4 Und wer ist Anna-Sophia?

Sek I/II

Wer bin ich?

Ich? Ich bin Anna-Sophia. Das ist mein Name. Aber was sagt das schon über mich als Person aus? Ich bin 17 Jahre alt. Das erweitert meine Antwort um eine weitere nicht gerade aussagekräftige Information. Ich
5 würde sagen, dass die Information, dass ich aus Hamburg komme, genauso uninteressant ist.

Ich glaube, dass ich wie ein riesiges Puzzle bin, ich bestehe aus sehr vielen verschiedenen Teilen, die alle irgendwie miteinander verknüpft sind und gemeinsam
10 das große Ganze ergeben. Es kommen immer neue Puzzleteile dazu – ich verändere mich stetig. Und dieses stetig erweiternde Puzzle, das bin ich. […]

Aber wie steht es mit Gedanken anderer über mich? Wie sehr beeinflussen sie mich? Prägt mich das, was
15 andere in mir sehen und über mich denken? Beeinflussen mich die an mich gestellten Erwartungen so sehr, dass ich mich dadurch verändere? Eigentlich kennen die mich doch kaum und wissen nicht, was in mir vorgeht, was ich wirklich denke oder warum
20 ich in einer gewissen Art handele. Und doch können fremde Gedanken mich verändern.

Gibt es tatsächlich das eine ganz eindeutige Ich, welches mich ausmacht? Bin ich überhaupt eins? Bin ich nicht z. B. für meine Mutter etwas anderes als für meine beste Freundin oder meinen Bruder? Kann man 25 mein entstehendes Puzzlebild einfach nur auf verschiedene Arten und Weisen interpretieren? Interpretiert dabei jeder so, wie er ist, und denkt seine Gedanken in mich und mein Puzzlebild hinein? Werde ich damit zum Spiegel für ein anderes Ich? […] 30

Solange ich mich selbst zwischen meinen Mitmenschen, in der Natur, von Gott beschützt durch Aktion und Reaktion in Verantwortung für mein Umfeld und mich stetig neu einbringen kann, mich dabei weiterentwickle und das Leben spüre, wächst mein 35 Ich. Dann bin ich.

Auszüge aus der Auseinandersetzung mit dem Gedicht von Bonhoeffer, das bei einem Wettbewerb der Internationalen Bonhoeffergesellschaft eingereicht wurde. Anna-Sophia, damals Jg. 11, Christianeum Hamburg

1. Vergleiche Anna-Sophias Gedanken mit dem Gedicht von Dietrich Bonhoeffer. Wo finden sich Parallelen, wo Unterschiede?
2. Verfasse ein eigenes Gedicht oder male ein Bild, das sich grob an Bonhoeffers Text orientiert.

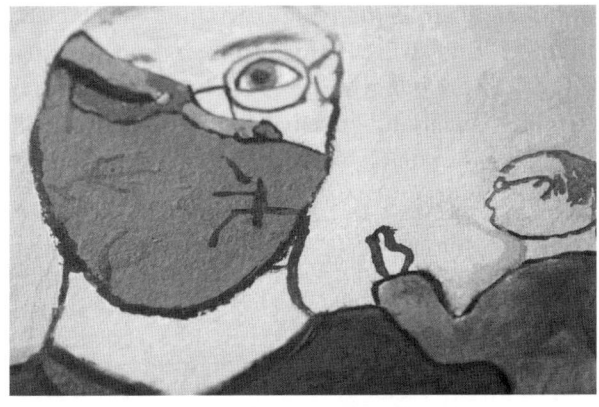
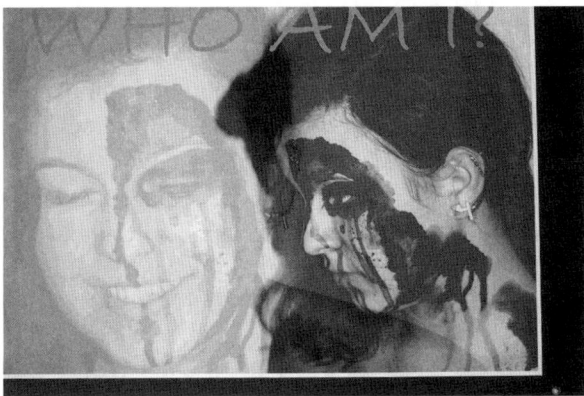

Wettbewerbsbeiträge von Milena Buhl, Neuruppin, und Tabea Nolte aus dem Kunstkurs Gymnasium Groß Ilsede (Fotos von Felizitas Handschuch), www.dietrich-bonhoeffer.net/bonhoeffer-heute/projekte-unterricht/schuelerwettbewerb-wer-bin-ich/

M 5 Doppelleben?

Sek II

An seinen Freund Eberhard Bethge schrieb Bonhoeffer am 15.12.1943:
Ich frage mich selbst oft, wer ich eigentlich bin, der, der unter diesen grässlichen Dingen hier immer wieder sich windet und das heulende Elend kriegt, oder der, der dann mit Peitschenhieben auf sich selbst einschlägt und nach außen hin (und auch vor sich selbst) als der Ruhige, Heitere, Gelassene, Überlegene dasteht und sich dafür (d. h. für diese Theaterleistung, oder ist es keine?) bewundern lässt? Was heißt »Haltung« eigentlich? Kurz, man kennt sich weniger denn je über sich selbst aus und legt auch keinen Wert mehr darauf, und der Überdruss an aller Psychologie und die Abneigung gegen die seelische Analyse wird immer gründlicher. [...] Es geht um Wichtigeres als um Selbsterkenntnis.
(DB 8, 235)

Dietrich Bonhoeffers Gedicht »Wer bin ich?« im Spiegel seiner Hafterfahrungen

Das Gedicht »Wer bin ich?« entsteht nach der Phase der lebensgeschichtlichen Vergewisserung angesichts der die Persönlichkeit zerstörenden Haft- und Verhörbedingungen. [...]

Dietrich Bonhoeffer führte in der Beteiligung am Widerstand eine Art »Doppelleben«: nach außen als loyaler Staatsbürger, der die Auslandsspionage unterstützt; nach innen als Widerstandskämpfer, der zusammen mit anderen Hitler stürzen und töten will. Er weiß zum Zeitpunkt der Inhaftierung mehr, als er in den Verhören mitteilen darf und will. Wird er dicht- und standhalten? Wird er die innere Spannung, vielleicht sogar die darin liegende Spaltung seines Ichs zwischen Wahrheit und Lüge aushalten? [...]

Seinem »Doppelleben« als »Doppelagent«, das er in den Verhören verschweigen muss, tritt eine weitere »Doppelung« hinzu, nämlich die Kluft zwischen »Der Welt-da-draußen«, seiner Herkunftswelt, und »Der Welt-hier-drinnen«, der Gefängniswelt mit brutalen Wärtern und zum Tode verurteilten politischen Gefangenen. [...]

Der Zweiteilung der »Welt-da-draußen«, der Welt seiner Herkunft, und der »Welt-hier-drinnen«, der Gefängniswelt entspricht der Zwiespalt zwischen dem, was andere von ihm sagen, und dem, was Bonhoeffer von sich selber weiß. Die gespaltene Identität verschärft die Spannung zwischen der Welt außerhalb des Gefängnisses und der Welt im Gefängnis. [...]

Indem Bonhoeffer sich die bedrückend-bedrängende Situation der Haft- und Verhörbedingungen vergegenwärtigt und diese benennt, gewinnt er Kraft zum Widerstehen (Resilienz). Dabei hilft ihm das Erinnern, die Vergegenwärtigung seiner Herkunftswelt in Familie und Bildung sowie die Imagination von heilsamen Orten, die ihn geprägt haben. [...]

In dem Moment, wo wir die um uns selbst kreisende Frage nach der Festlegung der eigenen Identität loslassen, indem wir uns in unserem Selbstkonzept als Fragment, als unabschließbare Frage stehen lassen, um uns auf eine größere Macht, auf Gottes Du einzulassen im Gebet, kommen wir zu uns selbst, werden wir zum Ich. Paradox: indem wir uns loslassen, gewinnen wir uns; indem wir uns verlieren, erhalten wir uns zurück. [...]

Die unabschließbare und doch lebenswichtige Suche nach der eigenen Identität findet ihre Vollendung, ihre Antwort und ihr Ziel im Gebet, in der vertrauensvollen Hingabe des gespaltenen Ichs an Gott. Der existentielle Zwiespalt, all die genannten Spannungen zwischen Wahrheit und Lüge, zwischen »Die Welt da draußen« und »Die Welt hier drinnen« und zwischen Fremdzuschreibungen und kritischer Selbstsicht finden ihre Versöhnung in einer Einfalt, die uns zufällt, indem wir sie von Gott erbitten und empfangen. [...]

Vortrag von Pastor i. R. Dr. Günter Ebbrecht (Einbeck) beim 19. Bonhoeffertag in Friedrichsbrunn am 21.8.2016, http://www.dietrich-bonhoeffer.net/bonhoeffer-heute/gottesdienst-andacht/gedicht-ebbrecht/(24.1.2017)

Günter Ebbrecht erklärt das Gedicht vor dem Hintergrund von Bonhoeffers Haftsituation, in der der Text entstanden ist. Stellen Sie seine Aussagen in einem Schaubild dar.

Kapitel 9: Von guten Mächten

Allgemeine Einführung

Am 8. Oktober 1944 endete Bonhoeffers Tegeler Zeit. Er wurde in das Kellergefängnis des Reichssicherheitshauptamtes in der Berliner Prinz-Albrecht-Straße verlegt und blieb dort bis zum 7. Februar 1945. Hier entstand *das* geistliche Gedicht des 20. Jahrhunderts, das in seiner Nachwirkung alles Verwandte in den Schatten stellt. Insbesondere die letzte Strophe ist in einer unübersehbaren Fülle von Abschriften, Drucken, Traueranzeigen, Text-Bild-Gestaltungen und eingerückten Zitaten präsent. Wie oft sie still gebetet oder laut vorgelesen, gelernt, gebetet oder gesungen wird, lässt sich durch keine Statistik erfassen. Die Rezeption der Worte Dietrich Bonhoeffers geht weit über den Kreis derer hinaus, die mit seinem Namen eine deutliche Vorstellung verbinden, geschweige denn sein Christsein als Anruf für ihr eigenes Leben gelten lassen. Und von denen, die Text und Autor noch leidlich zusammenbringen, dürfte nur ein geringer Prozentsatz wissen, dass diese Strophen in einem Gebäudekomplex entstanden sind, der bisher nur in einer Anzahl von Kellerräumen wieder freigelegt, das riesige Netz der hier konzentrierten, geplanten und befehligten nationalsozialistischen Schrecken anschaulich zu machen bestimmt ist. Das projektierte Haus heißt »Topographie des Terrors«. (Jürgen Henkys, Geheimnis der Freiheit. Die Gedichte Dietrich Bonhoeffers aus der Haft; Gütersloh 2005; 263)

Kein Text Bonhoeffers ist so bekannt geworden wie zumindest die letzte Strophe des Gedichtes *Von guten Mächten*. Es ist vielfach vertont worden und der Text der letzten Strophe findet sich häufig in Todesanzeigen oder auf Grabsteinen wieder.

Didaktisch-methodischer Kommentar

In vielen Religionsbüchern/Materialien finden sich Auszüge des Textes, häufig dienen diese allerdings lediglich als Einstimmung auf die Thematik und der Text wird in seiner Gänze nicht gewürdigt. Dabei ist es gerade spannend, das Gedicht vor dem Hintergrund von Bonhoeffers Biografie und Theologie näher zu betrachten und sich beispielsweise mit dem Miteinander von Zuversicht und Traurigkeit zu befassen.

In Zusammenarbeit mit dem Fach Musik könnte es interessant sein, einige möglichst unterschiedliche Vertonungen des Textes miteinander zu vergleichen.

M 1 Es gibt verschiedene Möglichkeiten, sich dem Gedicht anzunähern. Es wäre z. B. möglich, den Schülerinnen und Schülern eine der zahlreichen Vertonungen vorzuspielen und sie dann zu bitten, Begriffe, die ihnen in Erinnerung geblieben sind, zu notieren und darüber ins Gespräch zu kommen, ehe der Text noch einmal gelesen wird. Dieser Einstieg hat Vor- und Nachteile. Die Vorteile liegen in der Motivation der Lerngruppe durch den Einsatz eines anderen Mediums und einer möglicherweise emotionaleren Annäherung an das Gedicht. Der entscheidende Nachteil liegt darin, dass der Text dann schon beim ersten Zugang durch die Melodie interpretiert wird.

M 2 Es kann darüber gesprochen werden, was Bonhoeffer möglicherweise unter »guten Mächten« verstanden hat und was die Jugendlichen darunter verstehen (z. B. Engel, Begleitung durch Gott?).

M 3 Gerade ein Jahreswechsel lädt dazu ein, Rückschau zu halten. Es kann darüber gesprochen werden, was die »schwere Last« zur Zeit Bonhoeffers und in unsere Zeit bedeuten könnte.

M 4 Bonhoeffer hat schon viele Jahre vorher seine Gedanken zum Jahreswechsel formuliert, die deutlich positiver klingen als einige der Strophen dieses Gedichtes. In der Zwischenzeit hatten sich aber sein persönliches Leben und das Weltgeschehen drastisch verändert.

M 5 Es finden sich gleichermaßen Gedanken, die Bonhoeffers schwierige Situation verdeutlichen und die seine Glaubenszuversicht zum Ausdruck bringen. Diese Zuversicht wird auch in der »Stalingradmadonna« von Reuber, die in verzweifelter Lage in Stalingrad entstanden ist, deutlich.

M 6 Da die letzte Strophe weithin bekannt geworden ist, sollen sie und ihre Rezeptionsgeschichte noch einmal für sich reflektiert werden.

M 1 Von guten Mächten

Sek I/II

Den letzten Brief an seine Verlobte Maria von Wedemeyer hat Dietrich Bonhoeffer am 19.12.1944 im Hausgefängnis der SS-Sicherheitszentrale geschrieben:

»Meine liebste Maria! Ich bin so froh, dass ich Dir zu Weihnachten schreiben kann, und durch Dich auch die Eltern und Geschwister grüßen und Euch danken kann. […]

Es werden stille Tage in unseren Häusern sein. Aber ich habe immer wieder die Erfahrung gemacht, je stiller es um mich herum geworden ist, desto deutlicher habe ich die Verbindung mit euch gespürt. Es ist, als ob die Seele in der Einsamkeit Organe ausbildet, die wir im Alltag kaum kennen. So habe ich mich noch keinen Augenblick allein und verlassen gefühlt. Du, die Eltern, Ihr alle, die Freunde und Schüler im Feld, Ihr seid mir immer ganz gegenwärtig. Eure Gebete und guten Gedanken, Bibelworte, längst vergangene Gespräche, Musikstücke, Bücher bekommen Leben und Wirklichkeit wie nie zuvor. Es ist ein großes unsichtbares Reich, in dem man lebt und an dessen Realität man keinen Zweifel hat. Wenn es im alten Kinderlied von den Engeln heißt: ›zweie die mich decken, zweie die mich wecken‹, so ist diese Bewahrung am Abend und am Morgen durch gute, unsichtbare Mächte etwas, was wir Erwachsenen heute nicht weniger brauchen als die Kinder. Du darfst also nicht denken, ich sei unglücklich.«

Der Brief war der Zensur unterworfen.

Ruth-Alice von Bismarck/Ulrich Kabitz (Hg.), Brautbriefe Zelle 92; München 1994; 208

Am Ende des Briefes findet sich das Gedicht *Von guten Mächten,* **Bonhoeffers letztes theologisches Zeugnis, ein Gebet, das er seiner Mutter und seiner Verlobten zugedacht hat:**

1. Von guten Mächten treu und still umgeben,
behütet und getröstet wunderbar,
so will ich diese Tage mit euch leben
und mit euch gehen in ein neues Jahr;

2. noch will das alte unsre Herzen quälen,
noch drückt uns böser Tage schwere Last.
Ach Herr, gib unsern aufgeschreckten Seelen
das Heil, für das Du uns geschaffen hast.

3. Und reichst Du uns den schweren Kelch, den bittern
des Leids, gefüllt bis an den höchsten Rand,
so nehmen wir ihn dankbar ohne Zittern
aus Deiner guten und geliebten Hand.

4. Doch willst Du uns noch einmal Freude schenken
an dieser Welt und ihrer Sonne Glanz,
dann wolln wir des Vergangenen gedenken,
und dann gehört Dir unser Leben ganz.

5. Lass warm und hell die Kerzen heute flammen,
die Du in unsre Dunkelheit gebracht,
führ, wenn es sein kann, wieder uns zusammen.
Wir wissen es, Dein Licht scheint in der Nacht.

6. Wenn sich die Stille nun tief um uns breitet,
so lass uns hören jenen vollen Klang
der Welt, die unsichtbar sich um uns weitet,
all Deiner Kinder hohen Lobgesang.

7. Von guten Mächten wunderbar geborgen,
erwarten wir getrost, was kommen mag.
Gott ist bei uns am Abend und am Morgen
und ganz gewiss an jedem neuen Tag.

(DBW 8, 607 f.)

M 2　Gute Mächte?

Sek I/II

1. Welche Vorstellung hast du von »guten Mächten«? Welche Vorstellung hat Dietrich Bonhoeffer (M 1)? Vergleiche deine Ergebnisse mit Bonhoeffers.
2. Welche(s) dieser Bilder verbindest du mit »guten Mächten«? Begründe deine Entscheidung jeweils.

M 3 Noch drückt uns böser Tage schwere Last

Sek I/II

© teresabearcfp/pixabay

© DeltaWorks/pixabay

1. Stell dir vor, es wäre Silvester: Welche Erwartungen hast du an das kommende Jahr?
2. Welche Befürchtungen und Sorgen hast du, wenn du an das kommende Jahr denkst? Welche »schwere Last« aus dem alten Jahr möchtest du gerne hinter dir lassen?
3. Die Vertonungen von Bonhoeffers Gedicht *Von guten Mächten* haben sich in vielen Kirchen als Silvesterlied etabliert. Welche Gründe siehst du dafür?
4. Schreibe ein eigenes Gedicht zum Jahreswechsel und greife dabei Bonhoeffers Gedanken auf.

> *Noch will das Alte unsre Herzen quälen,*
> *noch drückt uns böser Tage schwere Last.*
> *Ach Herr, gib unsern aufgeschreckten Seelen*
> *das Heil, für das du uns geschaffen hast.*

5. Bonhoeffer schreibt diese Zeilen der 2. Strophe zum Jahreswechsel 1944/1945. Erkläre vor dem Hintergrund seiner Biografie und der politischen Situation, wie er diese Zeilen gemeint haben könnte.

M4 Er hat alles wohlgemacht

Sek II

In einem Brief an Mitbrüder schrieb Bonhoeffer am 21.12.1936 zum Jahreswechsel:

So wollen wir am Ende dieses Jahres sprechen über jede Woche, über jede Stunde, die vergangen ist. Solange wollen wir mit diesem Wort ins Gebet gehen, bis keine Stunde mehr ist, von der wir nicht sagen wollten, »Er hat alles wohlgemacht« (Markus 7,37). Gerade die Tage, die uns schwer waren, die uns gequält und geängstigt haben, Tage, die in uns eine Spur von Bitterkeit zurückgelassen haben, wollen wir heute nicht hinter uns lassen, bevor wir nicht auch von ihnen dankbar und demütig bekennen: »Er hat alles wohlgemacht«. Nicht vergessen sollen wir, sondern überwinden. Das geschieht durch Dankbarkeit. Nicht die ungelösten Rätsel der Vergangenheit lösen und in quälende Grübelei fallen sollen wir, sondern auch das Unbegreifliche stehen lassen und friedlich in Gottes Hand zurückgeben. Das geschieht durch Demut. […] ER hat alles wohlgemacht! Es heißt eben nicht, wir haben alles wohlgemacht. … Das ist die letzte und erstaunlichste Erkenntnis des Christen, dass er zuletzt auch über seiner Sünde sagen darf: Er hat alles wohlgemacht.

(DBW 14, 258 f.)

1. Vergleichen Sie vor dem Hintergrund von Bonhoeffers Biografie und der politischen Entwicklungen seiner Zeit diese Zeilen mit dem Gedicht *Von guten Mächten,* das acht Jahre später entstanden ist.
2. Entwerfen Sie ein fiktives Gespräch zwischen Kurt Reuber und Dietrich Bonhoeffer.

Kurt Reuber 1942, Stalingrad-Madonna

Das Bild des deutschen Pastors und Lazarettarztes Kurt Reuber (1906–1944) entstand in Stalingrad Weihnachten 1942:

»Das Bild ist so: Kind und Mutterkopf zueinandergeneigt, von einem großen Tuch umschlossen, Geborgenheit und Umschließung von Mutter und Kind. Mir kamen die johanneischen Worte: Licht, Leben, Liebe. Was soll ich dazu noch sagen? Wenn man unsere Lage bedenkt, in der Dunkelheit, Tod und Hass umgehen – und unsere Sehnsucht nach Licht, Leben, Liebe, die so unendlich groß ist in jedem von uns!«

Kurt Reuber in einem Brief an seine Frau

Martin Kruse (Hg.), Die Stalingrad-Madonna. Das Werk Kurt Reubers als Dokument der Versöhnung; Hannover 2012; 6

M5 Böse Tage – Geschenk der Freude?

Sek II

Noch drückt uns böser Tage dunkle Last (2)
Zu Seelsorge gehört auch, dass der Braut, den Eltern und Geschwistern die schlimme Gegenwart nicht gutgeredet wird. [...] Bonhoeffer überspringt das Böse nicht, er räumt ihm Platz ein. Aber er redet dabei nicht
5 kontradiktorisch von bösen Mächten. Es ist der Druck *böser Tage,* der das Vertrauen auf *gute Mächte* anficht. Es sind Tage des alten Jahres, und insofern stehen sie unter dem zeitlichen Vorbehalt »noch«. Aber werden sie sich nicht ins neue Jahr hinein fortsetzen? Und
10 hält ihnen die eben ausgesprochene Gewissheit stand?

Und reichst du uns den schweren Kelch, den bittern (3)
Der Jesus zugemutete Kelch geht auch an denen nicht vorüber, die Jesus nachfolgen. [...] Jetzt wird dieser Bekenntnissatz in persönliches Verhalten überführt. [...] In diese Verse ist die Gewissheit eingeflossen,
15 Gott werde die Bitte, *unseren aufgeschreckten Seelen das Heil* zuzuwenden, in jedem Fall erhören, auch im schlimmsten Fall.

Doch willst du uns noch einmal Freude schenken (4)
Durch den Blick auf das Letzte wird das Vorletzte nicht entwertet. Das Vorletzte schützt das Letzte vor dem Missverständnis, in irdischen Dingen irrelevant zu 20 sein. Der jetzt noch Gefangene hält sich bereit, mit den Seinen *noch einmal* den prallen Reichtum des Daseins zu empfangen.

Führ, wenn es sein kann, wieder uns zusammen (5/6)
Mit diesen Strophen (5 und 6) wendet sich Bonhoeffer wieder der Weihnacht 1944 zu. [...] Den dring- 25 lichsten Weihnachtswunsch des Gedichts *führ, wenn es sein kann, wieder uns zusammen* hatte Dietrich im Brief vom 1. Dezember 1943 vorformuliert. [...] Maria hatte im Kriegsjahr 1943 zwei geliebte Menschen verloren. Ihr Vater und ihr Bruder waren in 30 Russland gefallen.

Jürgen Henkys, Geheimnis der Freiheit. Die Gedichte Dietrich Bonhoeffers aus der Haft; Gütersloh 2005; 274–278

Die Strophen 1 und 7 bilden mit ihrem Eingangsbild »von guten Mächten« den Rahmen des Gedichts. In den Strophen 2–6 erfolgt die direkte Ansprache an Gott, hier zeigt sich der Gebetscharakter. Erklären Sie das Verhältnis von Anfechtung und Vertrauen anhand der Verse und der Gedanken von Jürgen Henkys.

M 6 — Die letzte Strophe (Sek II)

Die letzte Strophe [von Bonhoeffers *Von guten Mächten*] ist heute ein beliebtes Motiv auf Kalendern und Postkarten christlicher Verlage, meist gekoppelt mit Sonnenuntergang oder Kerzenschein. Dieses falsche Idyll wird der Dramatik nicht gerecht, die in dem Gedicht zum Ausdruck kommt: dass jemand an den Punkt gekommen ist, an dem er beides bejahen kann, das Leben ebenso wie das Sterben. Zwischen diesen beiden Möglichkeiten bewegt sich Dietrichs Existenz in den letzten Monaten seines Lebens auf geradezu dramtische Weise. Bis zuletzt gibt es Atempausen und Hoffnungen. Die Zerreißprobe, sich zugleich auf das Leben und auf den Tod einstellen zu müssen, kann wohl nur jemand aushalten, der sterben kann, weil er wirklich leben gelernt hat, und der leben kann, weil er in seinen Tod einwilligt.

Renate Wind, Dem Rad in die Speichen fallen, 5. Auflage; Basel/Weinheim 1993; 149

Nur die letzte Strophe scheint die Grenze vom Persönlichen zum Allgemeinen zu überschreiten. Sie hebt sich auch in soweit von den vorhergehenden Strophen ab, als sie nicht mehr den Gebetscharakter durchhält, der seit der 2.Strophe das Gedicht bestimmt. Diese letzte Strophe hat dafür gesorgt, dass das Gedicht so populär geworden ist.

Albrecht Schönherr, Die letzte Strophe, in: ibg 75/04, 62–68; 62

Sehr bekannt geworden ist die Vertonung des Gedichtes von Siegfried Fietz von 1972, die durch den 6/8 Takt einen beschwingten Charakter hat. Diese Vertonung wurde vielfach kritisiert:

»Besonders bei Jugendlichen sowie im katholischen Raum beliebt und nicht zuletzt durch die Kirchentage verbreitet ist die Melodie von Siegfried Fietz, die sich mit wechselnder Tonart, Dur, Dreierrhythmus, Länge und Charakter deutlich von den anderen Melodien unterscheidet. Doch sie gilt als umstritten und problematisch, weil sie dem Ernst von Entstehungssituation und Inhalt sowie der durchdachten und verdichteten Sprachform des Textes weniger gerecht wird; vor allem, weil sie Strophe 7 quasi zum Refrain macht und so diese Zielstrophe vorwegnimmt, was zum Gedankenbruch führt und das Lied wesentlich verlängert (und so erneut zu Kürzungen verleitet).«

Karl Christian Thust, Die Lieder des Evangelischen Gesangbuchs. Band 1: Kirchenjahr und Gottesdienst (EG 1–269). Kommentar zu Entstehung, Text und Musik; Kassel 2012; 105

Jetzt ändert sich die Sprechrichtung. Die Beziehung Ich – Ihr in Strophe 1 stand für die dialogische Ebene der Seelsorge, die Beziehug Wir – Du in den Strophen 2–6 für die dialogische Ebene des Gebets. In der letzten Strophe heißt es dagegen: Wir – Gott. Die Aussage ist noch persönlich, aber sie hat keinen bestimmten Adressaten mehr. Persönliches Bekennen mündet in ein allgemein gefasstes Bekenntnis ein. Dabei will Bonhoeffer die Leser gerade hier mit nichts Ungewöhnlichem befremden. Im Gegenteil: Die Reime *Morgen – geborgen* und *mag – Tag* sind ganz geläufig, und mit der Sequenz *Abend – Morgen – neuer Tag* wird nur das schon Vertraute befestigt: Gott ist immer bei uns.

Jürgen Henkys, Geheimnis der Freiheit. Die Gedichte Dietrich Bonhoeffers aus der Haft; Gütersloh 2005; 278 f.

1. Beschreiben Sie aufgrund der Zitate die Besonderheiten der 7. Strophe von *Von guten Mächten*.
2. Verfassen Sie einen Brief an die Pastorin oder den Pastor Ihrer Gemeinde, in dem Sie begründen, warum es falsch sei, dass im Gottesdienst häufig nicht alle Strophen des Gedichtes gesungen werden.
3. Studieren Sie über einen längeren Zeitraum die Todesanzeigen in Ihrer Tageszeitung. Wie häufig finden Sie dort die letzte Strophe des Bonhoeffer-Gedichtes? Erörtern Sie, warum viele Menschen diesen Text als Überschrift von Todesanzeigen wählen.

Kapitel 10: Dietrich Bonhoeffer als Vorbild?

Allgemeine Einführung

Häufig wird Bonhoeffers Vorbildfunktion betont. So taucht er in Lehrwerken oder Bildungsplänen unter dem Stichwort »Vorbilder« auf, wird als »Vorbild für Zivilcourage« bezeichnet oder von Schulen als Namensgeber gewählt. Das war allerdings nicht immer so. Gerade aufseiten der evangelischen Kirche hat es nach Ende des Krieges lange gedauert, bis Bonhoeffer als Vorbild und Märtyrer anerkannt wurde und erste Kirchengemeinden oder Straßen nach ihm benannt wurden, weil von offizieller Seite Bonhoeffers Beteiligung am aktiven Widerstand mit dem konkreten Vorhaben des Tötens von Hitler für nicht mit der christlichen Lehre vereinbar gehalten wurde.

Der Begriff Vorbild ist nicht einheitlich oder eindeutig definiert. Gelegentlich wird er von den Begriffen Idol oder Star unterschieden. Es kommt auch vor, dass Vorbilder und Heilige zusammen genannt werden.

Didaktisch-methodischer Kommentar

So muss zunächst erarbeitet werden, was ein Vorbild überhaupt ist, wobei das Ergebnis keine einseitige Definition sein sollte.

Wie kann Dietrich Bonhoeffer für Schülerinnen und Schüler heute ein Vorbild sein? Er hat in der Generation ihrer Urgroßeltern unter ganz anderen politischen Bedingungen gelebt und gewirkt. Er kam aus einer privilegierten Familie, war in vielerlei Hinsicht ungemein talentiert und erfolgreich und hat darüber hinaus einen Märtyrertod erlitten. Auf den ersten Blick gibt es also so gut wie keine Anknüpfungspunkte zu der Lebenswelt der meisten Jugendlichen heutzutage.

Wenn aber erkannt wird, dass das Vorbildliche von Menschen sehr unterschiedlich aussehen und bestimmt sein kann und dass Bonhoeffers Leben und Werk keineswegs durchgehend gradlinig und frei von Brüchen verlaufen ist, lassen sich Berührungspunkte herstellen. Bonhoeffer sollte keinesfalls als unangefochtenes, unerreichbares Vorbild, als »Säulenheiliger« präsentiert werden, sondern als Mensch, der um seine Entscheidungen gerungen hat, sie jedoch stets mutig verkündet und gelebt hat und die Konsequenzen seines Handelns auf sich genommen hat.

M 1 Als Annäherung wird zunächst ohne mögliche Differenzierungen zwischen Vorbildern, Idolen etc. geäußert, was ein Vorbild ist. Als Anregung dienen Bilder, die das Denken schon in unterschiedliche Richtungen lenken können (z. B. auf den Nah- oder Fernbereich, Star, vorbildliches Verhalten o. ä.).

M 2/M 3 Nach der ersten Annäherung soll versucht werden, den Begriff »Vorbild« anhand von möglichen Abgrenzungen von Idolen und/oder Stars klarer begrifflich zu fassen. Allerdings sollte nicht in starren Kategorien gedacht und erkannt werden, dass Übergänge fließend sein können. Auch kann über »Anti-Vorbilder« gesprochen werden, um davor zu warnen, unreflektiert Verhaltensweisen von vermeintlichen Vorbildern aus dem Nah- oder Fernbereich zu übernehmen.

M 4 Bonhoeffer selbst hätte sich dagegen gewehrt, als Vorbild bezeichnet zu werden. Das wird anhand einiger Zitate deutlich. Wenn er von Vorbild spricht, meint er das im christologischen oder ekklesiologischen Sinne.

M 5 Gremmels warnt davor, Bonhoeffer als unangefochtene Autorität und nicht hinterfragtes Vorbild anzusehen und ihn auf einen Sockel zu stellen. Damit werde man ihm nicht gerecht.

Huber sieht das Vorbildliche Bonhoeffers vor allem in seiner Glaubwürdigkeit, die durch das Ineinander von Biografie und Theologie zum Ausdruck gekommen sei. Er habe gelebt, was er verkündigt habe.

Ähnlich argumentiert Schulleiter Bizer, dessen Schule Bonhoeffer als Namensgeber gewählt hat. Für junge Menschen könnten Menschen Vorbilder sein, die wie Bonhoeffer vorgelebt hätten, dass auch angesichts schwerer Bedingungen Werte gelebt werden können und Veränderungen möglich sind.

M 1   Vorbilder?

Sek I

© Rico_Loeb/pixabay

Mohandas Karamchand Gandhi

© Unsplash/pixabay

© 27707/pixabay

1. Was verstehst du unter einem Vorbild?
2. Führe eine Umfrage durch, welche Vorbilder deine Mitschülerinnen und Mitschüler haben.

Kapitel 10: Dietrich Bonhoeffer als Vorbild? | 69

M2 Stars, Idole, Vorbilder

Sek I

Vorbilder
Vorbilder sind Personen, die bewundert werden und denen man nacheifert. Diese können sowohl Menschen aus dem Familien- oder Bekanntenkreis (z. B. Eltern, Geschwister, Freundinnen, Lehrer) als auch
5 Prominente oder historische Personen sein. Vorbilder müssen nicht, wie etwa Idole, als ganze Personen allumfassend bewundert werden – ihre Vorbildfunktion kann sich auf bestimmte Eigenschaften oder Taten konzentrieren.

Stars
10 Eigentlich ist unter einem Star (engl. star = Stern) eine Person zu verstehen, die sich durch herausragende und hervorgehobene Leistungen auszeichnet (z. B. Sportler, Schauspielerin, Sänger). Es gehört aber heutzutage immer weniger zum Starsein dazu, prominent zu
15 sein: Man muss nur in weiten Kreisen der Bevölkerung bekannt und beliebt sein. Warum und mit welchen Verdiensten man zum Star geworden ist, spielt keine so große Rolle mehr. Stars können gleichzeitig auch Vorbilder sein, müssen es aber nicht. Sich für einen Star zu begeistern heißt noch lange nicht, auch seine 20 Eigenschaften zu schätzen. Stars sind Ausdruck unserer Sehnsüchte. Während Vorbilder eher Projektionsoberfläche unserer ganz realistischen Anstrengungen um bestimmte Eigenschaften sind, kristallisieren sich in den Stars unsere irrationalen, unerreichbaren Vorstel- 25 lungen. Stars haben diese unerreichbare Ausstrahlung.

Idole
Ein Star kann auch zum Idol (über lateinisch *idolum* von griechisch εἴδωλον, eigentlich »Bild, Abbild«, speziell »Trugbild«). Idole sind grundsätzlich unerreichbare Personen. Anders als Stars haben sie vor allem 30 für Jugendliche mehr Vorbildcharakter. Idole werden häufig in übertriebener Weise angehimmelt und überhöht. Im Fan-Kult bekommt das Idol Massenwirkung.

1. Vergleiche die Vorbilder, die dir in der Umfrage genannt worden sind, und überlege, in welche der obengenannten Kategorien sie am besten passen.
2. Welchen Kategorien würdest du die Bilder in M 1 zuordnen?

M3 Anti-Vorbilder?

Beschreibt die Karikatur.
Überlegt euch weitere Beispiele für schlechte Vorbilder/Anti-Vorbilder und gestaltet in Partnerarbeit selbst eine Karikatur.

© Mönkemeyer

70 | Kapitel 10: Dietrich Bonhoeffer als Vorbild?

M4 Bonhoeffers Vorbildverständnis — Sek II

Wenn man völlig darauf verzichtet hat, aus sich selbst etwas zu machen – sei es einen Heiligen oder einen bekehrten Sünder oder einen Kirchenmann [...], einen Gerechten oder einen Unrechten, [...] – dann wirft man sich Gott ganz in die Arme, dann nimmt man nicht mehr die eigenen Leiden, sondern das Leiden Gottes in der Welt ernst [...].

(DBW 8, 542)

Das Leben Jesu Christi ist auf dieser Erde noch nicht zu Ende gebracht. Christus lebt es weiter in dem Leben seiner Nachfolger [...]. Weil wir Christi Bild schon tragen, darum allein kann Christus das »Vorbild« sein, dem wir folgen.

(DBW 4, 303)

Nicht nur Christus ist den Menschen sowohl donum als exemplum, sondern Mensch ist es dem andern ebenso. Im Augenblick, in dem der Mensch vor Gott steht, verschwindet alles Vorbild [...]; ein jeder muss allein entscheiden, was er zu tun hat.

(DBW 1, 170 f.)

Die Kirche ist nur Kirche, wenn sie für andere da ist. [...] Sie muss den Menschen aller Berufe sagen, was ein Leben mit Christus ist, was es heißt, »für andere da zu sein«. [...] Sie wird die Bedeutung des menschlichen »Vorbildes« [...] nicht unterschätzen dürfen; nicht durch Begriffe, sondern durch Vorbild bekommt ihr Wort Nachdruck und Kraft.

(DBW 8, 560 f.)

1. Besprechen Sie die Zitate in Kleingruppen. Welche Aspekte sind für Bonhoeffers Vorbildverständnis von Bedeutung?
2. Erarbeiten Sie ein Interview, in dem Bonhoeffer sein Verständnis von Vorbild erklärt.

M 5 Bonhoeffer als Vorbild für uns heute?

Sek II

© Dun.can

1998 wurde am Westportal der Westminster Abbey in London ein Fries von zehn repräsentativen Märtyrer-Gestalten des 20. Jahrhunderts eingeweiht. Einer dieser Märtyrer ist Dietrich Bonhoeffer.

Christian Gremmels:
»Es genügt, dass Bonhoeffers Name genannt wird – und alle applaudieren. Der Name allein reicht aus, was danach richtiger- oder falscherweise noch gesagt wird, spielt dann schon kaum eine Rolle mehr. Das Dilemma einer ›fraglosen Autorität‹ [...], zu der Bonhoeffer zweifelsohne wurde, liegt offen zu Tage: es wird nicht mehr nachgefragt, worin denn im Einzelnen das Verpflichtende seiner Autorität, das Vorbildliche seines Vorbilds besteht; oft genug hat man erfahren: Fällt Bonhoeffers Name, so wird allenthalben Zustimmung signalisiert.«

Christian Gremmels, Momentaufnahmen zu »Bonhoeffers Erbe«, in: ibg 73/04, 27–38; 28

Wolfgang Huber:

»Herausfordernd für unsere Generation ist er nicht durch das Gelingen, sondern durch den unerschrockenen Versuch. Von vielen unterschied er sich durch die Klarsicht, mit der er anstehende Aufgaben wahrnahm und dem Scheitern ins Auge sah. Einsam war er, als er – schon im Jahre 1934 – die in der ökumenischen Bewegung verbundenen Kirchen zu einem ›Konzil‹ des Friedens aufrief. Unerfüllt blieb seine Hoffnung darauf, dass die Bekennende Kirche sich ohne Vorbehalt auf die Seite der Entrechteten, vor allem der verfolgten Juden stellen würde. Gescheitert war der Plan der Verschwörer, zu denen er gehörte, dem Regime Hitlers ein Ende zu machen. Doch fremd war ihm, was anderen nur allzu vertraut ist: die entscheidenden Aufgaben um taktische Vorteile willen zu verschweigen oder ihnen auszuweichen. Der Strahlkraft des Werkes, das er hinterlassen hat, kann man sich schon deshalb schwer entziehen, weil sein Denken und Reden durch sein Leben und Tun gedeckt sind.«

Wolfgang Huber, »Was das Christentum oder auch wer Christus für uns eigentlich ist.« Dietrich Bonhoeffers Bedeutung für die Zukunft der Christenheit, in: Christian Gremmels/Ilse Tödt (Hg.), Die Präsenz des verdrängten Gottes; München 1987; 89

Peter Bizer, Schulleiter des Dietrich-Bonhoeffer-Gymnasiums in Filderstadt:

»Bonhoeffer [steht] für eine ethisch, religiös und politisch überzeugende Haltung: für Mut und Zivilcourage und das Bewusstsein, als Einzelner etwas tun zu können und etwas tun zu müssen. Zugleich steht er – angesichts der Problematik und des Scheiterns mehrere Attentatsversuche gegen Hitler – auch für die Tragik und Fragwürdigkeit menschlichen Handelns. Bonhoeffer ist eben kein ›Heiliger‹ und dennoch oder gerade deshalb ein beeindruckender Mensch […]. Kinder und Jugendliche […] lernen an Vorbildern, an Handlungen und Verhaltensweisen, die ihnen gezeigt und vorgelebt werden, an Menschen, die Werte und Haltungen durch ihr Reden und Tun sichtbar und erfahrbar machen. Menschen, die uns zeigen, dass es notwendig ist und zugleich, dass es möglich ist, die Welt zu beeinflussen, zu gestalten und zum Besseren zu verändern. Ich denke, Dietrich Bonhoeffer kann für unsere Schule ein solches Vorbild sein.«

Bizer, Peter/Kailuweit, Caroline/Klein, David, Reden des Schulleiters und der Schülersprecher zur Namensgebung des Dietrich-Bonhoeffer-Gymnasiums in Filderstadt im Mai 2005; dbg-filderstadt.de (31.5.2005)

1. Diskutieren Sie in Kleingruppen unter Einbeziehung der Texte den Vorbildcharakter von Dietrich Bonhoeffer.
2. An Ihrer Schule wird überlegt, den Schulnamen in »Dietrich-Bonhoeffer-Schule« zu ändern. Erarbeiten Sie ein Plädoyer, um skeptische Mitschüler, Lehrerinnen und die Elternschaft davon zu überzeugen.

Kapitel 11: Begegnungen mit Dietrich Bonhoeffer in bildender Kunst und Musik

Allgemeine Einführung

Bonhoeffers differenzierter Persönlichkeit kann durch eine vielschichtige Betrachtung Rechnung getragen werden. Begegnungen unterschiedlicher Art sind denkbar: durch seine Texte, durch seine Briefe und Tagebucheintragungen, durch Aussagen von Weggefährten, durch Biografien oder durch künstlerische Auseinandersetzungen wie Verfilmungen, Kunstwerke, Vertonungen seiner Werke oder seines Lebens.

Aus der Vielzahl der künstlerischen Werke wurden hier zwei Denkmäler und vier musikalische Auseinandersetzungen mit Bonhoeffers Leben und Werk ausgewählt.

In Berlin finden sich gleich zwei bedeutende Bonhoeffer-Denkmäler: die Portrait-Büste aus Marmor von Alfred Hrdlicka und ein überlebensgroßer Torso in Bronze von Karl Biedermann.

Es wurden vier musikalische Darstellungen ausgesucht, die verschiedenen Genres zuzuordnen sind und unterschiedliche Zielgruppen ansprechen: ein Oratorium, eine Oper, ein Musical, das die Perspektive von Maria von Wedemeyer in den Blick nimmt, und ein Rockmusical.

Didaktisch-methodischer Kommentar

Bonhoeffer kann für Schülerinnen und Schüler durch einen Blick aus verschiedenen Perspektiven lebendiger werden. Weiterhin können sie vor allem in fächerübergreifenden Projekten (die sich z. B. bei Jubiläen oder auch für Bonhoeffer-Schulen in besonderer Weise anbieten) angeregt werden, sich selbst kreativ mit Bonhoeffers Leben und Werk auseinanderzusetzen. Selbst wenn das nicht intensiv geschehen kann, kann überlegt werden, welche Facetten von Bonhoeffers Leben oder Werk bildnerisch oder musikalisch dargestellt werden könnten und wie das geschehen könnte.

Die intensive Auseinandersetzung mit den bildhauerischen und musikalischen Werken erfordert für ein tieferes Verständnis das jeweilige Fachwissen aus den Fächern Kunst bzw. Musik. Sollte das organisatorisch nicht möglich sein, sollte dennoch nicht darauf verzichtet werden, den Jugendlichen zumindest flüchtige Begegnungen zu ermöglichen.

M 1/M 2: Die beiden Denkmäler Bonhoeffers sind sehr unterschiedlich und weisen doch eine wichtige Gemeinsamkeit auf: beide reduzieren Bonhoeffer – Hrdlicka auf den Kopf, Biedermann auf den Körper. Hrdlickas Büste ist für einen Innenraum geschaffen und ist eine sehr individuelle Darstellung. Biedermanns Bronze-Torso ist für den Außenraum gedacht und bringt eher in einer symbolischen Darstellung Martyrium und Glaube zum Ausdruck.

Bei einer eingehenderen Auseinandersetzung mit den Denkmälern, wäre es wichtig, auch die Künstlerbiografien mit in den Blick zu nehmen. Im Idealfall können die Denkmäler besichtigt werden, dann ginge es vor allem um die Wirkung der Werke auf die Schülerinnen und Schüler. Es könnte auch überlegt werden, inwieweit der jeweilige Standort die Aussage des Denkmals unterstützt oder verstärkt.

M 3–M 6 Die vier musikalischen Bearbeitungen sind insofern schwer miteinander zu vergleichen, als sie unterschiedlichen Genres angehören und den Fokus auf Bonhoeffers Leben und Werk sehr unterschiedlich setzen. So hängt es sicher auch von der Schülerschaft ab, welches Werk für die Interpretation ausgewählt wird. Das Bonhoeffer-Oratorium von Johnson ist vermutlich das, zumindest in musikalischer, möglicherweise auch in theologischer Hinsicht, anspruchsvollste Werk (ein kompletter Mitschnitt vom Deutschen Symphonie-Orchester Berlin ist auf YouTube zu finden). Die beiden Musicals sprechen Schülerinnen und Schüler u. U. stärker an, zum einen, weil sie sich musikalisch leichter erschließen lassen und zum anderen, weil sie das Leben Bonhoeffers stärker ins Zentrum der Darstellung stellen. Die Bonhoeffer-Oper könnte vor allem deshalb besprochen werden, weil sie sehr umstritten ist und wegen der unterschiedlichen Genres, die sie aufgreift, und des sich z. T. nur schwer herstellbaren Bezugs zu Bonhoeffer vielfach kritisiert worden ist.

M 1 Alfred Hrdlicka (1928–2009): Portraitbüste Dietrich Bonhoeffer (1977)

Sek II

Alfred Hrdlicka wurde 1928 in Wien geboren, wo er am 5.12.2009 gestorben ist. Seine bekanntesten Werke sind Denkmäler im öffentlichen Raum, so z. B. das Antikriegsdenkmal in Hamburg (1982) und das Denkmal gegen Krieg und Faschismus in Wien (1988–1991). Hrdlicka ist bekennender Marxist und gesellschaftlich und politisch sehr engagiert. Durch z. T. harsche Kritik an Kunstkritikern und Institutionen des offiziellen Kunstbetriebs hat er sich viele Gegner geschaffen. Auffällig ist, dass er trotz seiner kommunistischen Grundeinstellung viele religiöse Themen bearbeitet hat. Religiöse Motive interessierten ihn, weil das Christentum unseren Kulturkreis geprägt hat. Ein zentrales Thema seiner Kunst war der Kampf gegen Verbrechen im Namen von Ideologien wie denen des nationalsozialistischen Regimes. Die Portrait-Büste Dietrich Bonhoeffers schuf Hrdlicka im Jahre 1977. Seit 2002 befindet sie sich als Dauerleihgabe im Eingangsbereich der Staatsbibliothek in Berlin, die seit 1996 den schriftlichen Nachlass Bonhoeffers übernehmen konnte.

Barbara Wilk-Mincu, »Fleischwerdung«. Über die Bonhoeffer-Büste von Alfred Hrdlicka, 30 f./Antonius Jammers, Vorwort, 4, beide in: Jammers, Antonius (Hg.), Dietrich Bonhoeffer. Die Marmorbüste von Alfred Hrdlicka in der Staatsbibliothek zu Berlin. Dokumente aus dem Nachlass; Berlin 2002

Die Portrait-Büste [...] ist aus rosafarbenem portugiesischem Marmor und hat die Maße 118×46×62 cm. Aus einem unbearbeitet gelassenen Steinblock, der lediglich die Bohr- und Bruchspuren des Steinbruchs aufweist, entwickelt sich asymmetrisch auf der linken Seite der detailliert bearbeitete Kopf. Hals und Brustansatz, die normalerweise zu einer Büste gehören, sind im Rohzustand belassen worden. Der Schädel wirkt mächtig, besonders durch die fast unnatürlich gewölbte »hohe« Stirn und den kräftigen Unterkiefer. Um den Hals trägt der Dargestellte einen Strick, der gleichzeitig die Grenze zwischen bearbeitetem und unbearbeitetem Stein bildet. [...] Hrdlicka hat neben der kraftvollen Seite auch die leidende Seite Bonhoeffers nicht ausgespart, nämlich den Schmerz in seinen ohne Brille schutzlosen Augen. Für ihn ist Bonhoeffer auch als Widerstandskämpfer Opfer [...].

Wilk-Mincu, in: Dietrich Bonhoeffer. Die Marmorbüste von Alfred Hrdlicka in der Staatsbibliothek zu Berlin; 31, 35

M2 Karl Biedermann (geb. 1947): »Für Dietrich Bonhoeffer« (1989)

Sek II

In Berlin gibt es ein weiteres Bonhoeffer-Denkmal auf dem Platz an der Zionskirche in Berlin-Mitte, wo Bonhoeffer 1931/32 u. a. eine Konfirmandengruppe betreut hatte:

Die überlebensgroße Bronzestatue »Für Dietrich Bonhoeffer«, die 1989 fertiggestellt war, konnte erst 1997 ihren vorgesehenen Standort finden. Es handelt sich um einen knieenden Torso, wobei die abstrakte Form eines Kreuzes mit dem Körper verschmilzt. Mit dem Knien, der Tiefendimension, wollte der Künstler die Demut ausdrücken, mit dem Ausstrecken der Arme in der Breitendimension das Bewahrende, während die Höhendimension an die aufrechte Haltung Bonhoeffers erinnern soll. Die Form des Torsos erinnert an sein Ende, aber auch an die allgemeine Gefährdung und Verletzlichkeit des Menschen.

Barbara Wilk-Mincu erhielt diese Auskünfte vom Künstler Karl Biedermann

Barbara Wilk-Mincu in: Jammers, Antonius (Hg.), Dietrich Bonhoeffer. Die Marmorbüste von Alfred Hrdlicka in der Staatsbibliothek zu Berlin. Dokumente aus dem Nachlass; Berlin 2002; 36, Anm. 25

1. Vergleichen Sie die beiden Darstellungen Bonhoeffers miteinander.
2. Überlegen Sie sich in Kleingruppen (u. U. in Kooperation mit dem Fach Kunst), wie Sie Bonhoeffer darstellen würden.

M 3 Tom Johnson (geb. 1939): Bonhoeffer Oratorium (1988–1992)

Sek II

Außergewöhnlich ist das Bonhoeffer Oratorium in vielerlei Hinsicht: Zunächst nimmt das Werk im bisherigen Oeuvre des Komponisten einen besonderen Platz ein, nicht allein von Umfang und Länge (die Aufführungsdauer liegt bei gut zwei Stunden), sondern auch hinsichtlich der Thematik. Bisher hat Tom Johnson Instrumental-Stücke, Performances, Hörspiele und Opern (wovon die »Vierton-Oper« (1972) und die »Riemannoper« (1988) die bekanntesten sind) geschrieben. Oft liegen seiner minimalistischen Musik Zahlenreihen zugrunde, die musikalisch umgesetzt und hörbar gemacht werden (z. B. in »Symmetries« (1981), »Counting to Eight« (1981), »Rational Melodies« (1982) »How to count to Five in 14 Lessons« (1985), »Music for 88« (1987). Das Bonhoeffer Oratorium aber ist das erste religiöse Werk in seinem Schaffen; ein Werk, das theologische, moralische, geschichtliche und politische Probleme thematisiert. Darüber hinaus ist das Bonhoeffer Oratorium m. W. das erste und einzige religiöse Werk innerhalb der minimalistischen Musik überhaupt.

Dem Bonhoeffer Oratorium liegen Texte von Dietrich Bonhoeffer zugrunde: Predigten, die er in Barcelona, London und Berlin gehalten hat; politische Texte über den »Führerbegriff« und über »Die Kirche und die Judenfrage«, theologisch-religiöse Texte aus seinen Schriften »Nachfolge« und »Gemeinsames Leben«; sowie Ausschnitte aus Briefen, die er in den letzten Wochen seines Lebens aus dem Gefängnis schrieb, bevor die Nationalsozialisten ihn am frühen Morgen des 9. April 1945 im Konzentrationslager Flossenbürg erhängten. […]

Heiner Gembris, Das Bonhoeffer Oratorium von Tom Johnson, in: Magazin für Theologie und Ästhetik 40/2006, www.theomag.de/40/hg1.htm (24.1.2017)

M 4 Miriam Küllmer-Vogt (geb. 1973): Bonhoeffers große Liebe – Musical (2016)

Boston, im Jahr 1967: Ein junger Jesuitenpater bittet die ehemalige Verlobte Dietrich Bonhoeffers um ein Gespräch. Er möchte unbedingt mehr über diesen Mann erfahren, den alle Welt als Theologen, Widerstandskämpfer und Märtyrer verehrt. Lässt Maria von Wedemeyer sich erstmalig darauf ein? Auf diese Reise zurück …

Das Kammer-Musical »Bonhoeffers große Liebe« nimmt mit hinein in das Leben zweier Liebender, in die Begegnung mit dem Menschen, dessen einzigartiger Glaube und dessen Lied »Von guten Mächten wunderbar geborgen …« die Welt bis heute bewegen. Und in die Begegnung mit dieser lebensfrohen, intelligenten und beruflich sehr erfolgreichen Frau Maria von Wedemeyer, deren Liebe, Stärke und Zuversicht bis zu ihrem eigenen Tod nicht gebrochen werden konnten.

(Die Premiere fand am 5.11.2016 in Kassel statt.)

Fabian Vogt und Miriam Küllmer-Vogt, www.theater-zauberwort.de/programm/ (24.1.2017)

M 5 Peter Janssens (1934–1998): Dietrich Bonhoeffer – Rock Musical (1995)

Sek II

1995 schrieb der deutsche Komponist Peter Janssens gemeinsam mit der Autorin Priska Beilharz das Musical für Solisten, Chor und Rockband. Der Chor erzählt per Sprechgesang von den politischen Umständen, in denen Bonhoeffer gerade lebt. [...] Das Musical stellt chronologisch die Augenblicke in Bonhoeffers Leben dar, die er im Widerstand verbrachte. Es erzählt aber auch von privaten Momenten: von seiner unerfüllten und vielleicht gerade deshalb so starken Liebesbeziehung zu der 18 Jahre jüngeren Maria von Wedemeyer. Und am Schluss wiederholt sich die Anfangsszene: Bonhoeffer wird zum Galgen geführt.

Premiere am 4.2.2006 (anlässlich von Bonhoeffers 100. Geburtstag)

Claudia Kynast, Bonhoeffer-Musical, www.planet-wissen.de/geschichte/nationalsozialismus/dietrich_bonhoeffer_getarnter_kurier_des_widerstands/pwiebonhoeffermusical100.html (24.1.2017)

M 6 Stephan Peiffer (geb. 1985): Vom Ende der Unschuld – Bonhoeffer-Oper (2013)

Leise Musik hebt an in der ehemaligen Fabrikhalle auf Kampnagel. Langsam falten die rund 50 Chormitglieder, die verteilt zwischen dem Orchester sitzen, die auf ihrem Schoß liegenden Decken auseinander und ziehen sie über den Kopf. Dann beginnt der Chor zu singen und es tönt durch die riesige Halle: »Herr, wir rufen zu Dir, komm und eile zu uns, wir warten auf Dich! Wo ist unser Gott? Verstoß uns nicht! Zeig dein Gesicht!« Die Oper »Vom Ende der Unschuld« über den evangelischen Theologen und Widerstandskämpfer Dietrich Bonhoeffer (1906–1945) ist am Donnerstagabend auf dem Evangelischen Kirchentag in Hamburg uraufgeführt worden. Das Premierenpublikum spendete am Ende der zweieinhalbstündigen Aufführung langanhaltenden Applaus im Stehen für Regisseurin Kirsten Harms und ihr Team, den Komponisten Stephan Peiffer, Dirigent Matthias Hoffmann-Borggrefe, die neun Solisten und das Orchester – Hamburger Camerata und Musiker von YoungClassX – sowie die beiden Chöre der Kantorei St. Nikolai. Es ist das erste Mal, dass der Kirchentag eine Oper in Auftrag gegeben hat.

Erzählt wird eine Parabel über Leben und Theologie Bonhoeffers, der von den Nationalsozialisten ermordet wurde. Im Mittelpunkt der Handlung stehen die ungleichen Geschwister Germa (Julia Henning) und Heman (Ferdinand von Bothmer), denen ein vermeintlicher Heilsbringer (Krzysztof Szumanski) verkündet, er wolle sie aus Armut und Schwachheit retten. Freudig lassen sich Germa und die anderen Gutsbewohner auf den neuen Anführer ein, der einen Staudamm auf Kosten der Nachbarn bauen will. Nur ihr Bruder, der unverkennbar Züge Bonhoeffers trägt, erkennt die Willkür und Zerstörungswut des Machthabers Drako und widersetzt sich mutig. [...] Obwohl viele Premierenbesucher keine Nacherzählung des Lebens Bonhoeffers wünschten, kritisierten doch einige, dass wichtige theologische Überzeugungen Bonhoeffers in der einfachen Geschichte über den Bau eines Staudammes zu kurz kamen. Komponist Stephan Peiffer verknüpft geschickt alte mit neuer Musik. Fast schamlos habe er sich aller musikalischer Epochen bedient, angefangen mit alten Psalmklängen, gregorianisch anmutenden Chorälen und der gesamten klassischen bis spätromantischen Tradition. So klingt ein Hymnus von Heinrich Schütz genauso an wie ein Humperdinck-Motiv, Modernes wie Mahler und Schostakowitsch sowie zeitgenössische Töne.

Carola Große-Wilde, Parabel über Schuld und Verantwortung, stern 5.5.2013, www.stern.de/kultur/musik/bonhoeffer-oper-uraufgefuehrt-parabel-ueber-schuld-und-verantwortung-3212094.html (24.1.2017)

Vergleichen Sie u. U. in Kooperation mit dem Fach Musik verschiedene Vertonungen über Bonhoeffer miteinander.

Kapitel 12: Die letzte Stufe

Allgemeine Einführung

Die US-amerikanische-deutsch-kanadische Spielfilmproduktion *Die letzte Stufe (Bonhoeffer – Agent Of Grace)* des Regisseurs Eric Till, der im Jahre 2003 mit dem Luther-Film deutlich bekannter werden sollte, kam im Jahre 2000 heraus.

»Die Handlung des Films setzt im Sommer 1939 ein, kurz vor dem Ausbruch des Zweiten Weltkrieges, mit der Rückkehr Bonhoeffers aus den USA nach Deutschland. Bonhoeffer hatte die Entscheidung getroffen, in eine unsichere Zukunft nach Deutschland zurückzukehren. Durch die Wahl dieses Einstiegs steht der Film von Anfang an unter den Vorzeichen ›Entscheidungen treffen‹ und ›Verantwortung übernehmen‹, aber auch ›Gewissenskonflikte‹. Diese Themen durchziehen den ganzen Film. […] Ein 90-minütiger Spielfilm kann selbstverständlich keinen umfassenden Einblick in die politischen und kirchenpolitischen Verhältnisse der Zeit geben, sodass Vorkenntnisse erforderlich sind, um das Filmgeschehen einordnen zu können. Auch kann die Persönlichkeit Bonhoeffers nicht so facettenreich dargestellt werden, wie es wünschenswert wäre. Der Film lässt sich grob in zwei Abschnitte unterteilen: die Zeit von 1939 bis zur Haft (Szenen 1–19), und die Zeit der Haft bis zur Hinrichtung am 9.4.1945 (Szenen 20–49). […] Der Film beschränkt sich im Wesentlichen darauf, konsequent zwei z. T. ineinander verwobene Handlungsstränge zu verfolgen: Bonhoeffers Weg in den Widerstand mit den damit verbundenen Gewissenskonflikten und seine Liebesgeschichte mit Maria von Wedemeyer. Im ersten Handlungsstrang haben im ersten Teil auf der Seite des Widerstandes Hans von Dohnanyi und im zweiten Teil auf der Gegenseite Kriegsgerichtsrat Manfred Roeder tragende Rollen. Von Dohnanyi (und am Rande auch seine Frau, Bonhoeffers Schwester Christine) hat im Film die Funktion, Bonhoeffer von der Notwendigkeit des Widerstandes zu überzeugen. Die Beschränkung in den Vernehmungsszenen auf die Person Roeders ermöglicht stärkere inhaltliche Dichte. Roeder bildet den intellektuellen Gegenpart zu Bonhoeffer, der ihn in den Verhören herausfordert und ihm immer wieder bis hin zur Hinrichtungsszene als Versucher gegenübertritt. Die private Welt Bonhoeffers wird dagegen in erster Linie von Maria von Wedemeyer repräsentiert. Weitere Personen, die für Bonhoeffer von zentraler Bedeutung waren, bleiben Randfiguren oder unerwähnt. So erscheint z. B. Eberhard Bethge nur am Rande und wird auch nur von dem aufmerksamen Zuschauer mit Vorkenntnissen bemerkt. Seine entscheidende Bedeutung für Bonhoeffer besonders auch in der Haftzeit, bleibt unberücksichtigt und Maria von Wedemeyer wird als Bonhoeffers einziger Kontakt zur Außenwelt dargestellt. Das Thema Gewissen durchzieht den Film wie ein roter Faden. […] Deutlich wird im Film, dass Bonhoeffer trotz Anfechtungen und Versuchungen immer die Verantwortung für seine Mitmenschen im Blick behält.« (Christina Lange, Dietrich Bonhoeffer im Religionsunterricht; Kassel 2008; 182–185)

Didaktisch-methodischer Kommentar

Wenngleich der Film vielfach kritisiert worden ist, er streckenweise von den historischen Tatsachen abweicht und vor allem die Darstellung der Maria von Wedemeyer als durchaus problematisch angesehen werden kann, ist der Film für die unterrichtliche Praxis für die höhere Sek I und die Sek II sehr zu empfehlen. Mit Ulrich Tukur wurde ein sehr überzeugender Bonhoeffer-Darsteller gewählt, dem es gelingt, auch Bonhoeffers »schwache Seite«, seine Zweifel und Gewissenskonflikte darzustellen. Für einen auf 90 Minuten begrenzten Spielfilm muss eine Auswahl getroffen werden. Der Fokus liegt in diesem Film eindeutig auf der Gewissensfrage, dem Zaudern vor der Entscheidung, sich aktiv am Widerstand zu beteiligen, und den Konflikten, die sich für Bonhoeffer während der Haftzeit, besonders auch in den Verhören, zeigen.

Sinnvoll ist es, auf den Film vorzubereiten und ihn möglichst zum Abschluss einer Reihe über Bonhoeffer zu zeigen.

M 1 Der Film polarisiert. Erste Eindrücke könnten, ehe der Film ausführlicher besprochen wird, zunächst von jedem in Stillarbeit festgehalten werden: Was fand ich gut? Was hat mir nicht gefallen? Welche Fragen habe ich?

Je nach Zeit kann dann intensiver mit dem Film gearbeitet werden. Es könnten z. B. im Vorfeld Beobachtungsaufgaben verteilt werden. Auch ist es sinnvoll, Filmkritiken zu recherchieren und eine eigene Kritik zu verfassen, was zur Vertiefung beitragen kann.

M 1 Stellungnahmen Sek I/II

Nimm Stellung zu folgenden Aussagen:

A Eine so komplexe Biografie lässt sich nicht in einem 90-minütigen Spielfilm bearbeiten.
B Bonhoeffer wird ganz anders dargestellt, als ich ihn im Unterricht kennengelernt habe.
C Der Film weist viele sachliche Fehler hinsichtlich der geschichtlichen Fakten auf.
D Die Schlussszene der Hinrichtung passt nicht zum Rest des Films.
E Die Darstellung der Liebesbeziehung zwischen Maria von Wedemeyer und Dietrich Bonhoeffer ist peinlich und kitschig.
F Die Theologie Bonhoeffers kommt im Film zu kurz.
G Es gibt schon viel zu viele Filme zur NS-Zeit. Das ist lange her und interessiert uns heute nicht mehr so besonders.

1. Formuliere kurze Stellungnahmen zunächst für dich alleine.
2. Besprecht eure Überlegungen arbeitsteilig und kommt jeweils zu einer gemeinsamen Stellungnahme.
3. Formuliert in den Gruppen weitere Aussagen, zu denen sich eure Mitschülerinnen und Mitschüler positionieren sollen.

Michael Künne schreibt in einer Kritik:
»Ohne Urteil, ohne Henker und dessen Knechte, legt er offensichtlich, nachdem er die Brille einem Unsichtbaren gereicht hat, sich selbst den Strick um. Doch diese Szene, die nur anzunehmen ist, beendet bereits den Film. Hier wird abgeblendet. So wird Geschichte nicht nur verfälscht, sondern in ihr Gegenteil verkehrt, wenn ausgelassen wird, dass Bonhoeffer zusammen mit Canaris und Oster nach einem Standgerichtsverfahren in Flossenbürg hingerichtet wurde.«

Michael Künne, Ganz – oder gar nicht – oder?, in: Loccumer Pelikan 4/00; 188 f.

Hans Werner Dannowski sieht die Stärke des Films (neben vielen Schwächen, die er anführt), in lebendigen Bildern, die sich einprägen:
»Drei Bilder [...] sind mir bis heute nie aus dem Gedächtnis gegangen. Den Anfang des Films habe ich nie vergessen: Dietrich mit seinem Freund Frank Fisher, in der Amerikazeit, vierhändig am Klavier. Ausgelassen eine Melodie verjazzend, singende und spielerische Improvisation, Ausdruck der Bejahung des Lebens und der Lebensfreude. Das zweite Bild: Dietrich Bonhoeffer vor seiner Hinrichtung, das Schattenbild Roeders hinter ihm. Bonhoeffer schaut sich nicht um, der Blick geht nach vorn. Das Ende? Nein, der Anfang des Lebens! Die nackten Füße, die die Stufen des Podests ersteigen. Schließlich: Der Schluss des Films. Die Koinzidenz der Bilder bringt die Suche nach dem Verbleib Dietrichs in Flossenbürg mit seiner Hinrichtung, die erst zwei Monate später erfolgt, zusammen. Im Moment der Hinrichtung schreckt Maria zurück. Damit endet der Film. In diesem Blick liegt die Aufmerksamkeit und die Erschütterung und die Hoffnung von Generationen, für die das Denken, das Leben und Sterben Dietrich Bonhoeffers eine wichtige Wegscheide des eigenen Lebens war und ist.«

Hans Werner Dannowski, Das Dokumentarische und das Fiktive. Einige Anmerkungen zu Eric Tills Bonhoeffer-Film »Die letzte Stufe«, in: Arbeitsstelle Gottesdienst. Zeitschrift der Gemeinsamen Arbeitsstelle für gottesdienstliche Fragen der Evangelischen Kirche in Deutschland 2/2005: ... dann musst du dazwischenspringen, 84

4. Recherchiert im Internet Filmkritiken zu dem Film und verfasst abschließend eine eigene Kritik.
5. Dannowski spricht von Bildern, die ihn besonders beeindruckt haben. Was ist euer ganz persönliches Bild, das für euch in Erinnerung bleiben wird?
6. Der Kinofilm wird in eurer Stadt erneut im Kino gezeigt. Eure Religionslehrerin möchte erreichen, dass alle Jahrgangsstufen der Sek / Sek II gemeinsam den Film besuchen. Führt eine Pro- und Contra-Debatte zu diesem Vorhaben durch.